D1241740

PANORAMA ANTOLOGICO DE POETISAS ESPAÑOLAS

(Siglos XV al XX)

Luzmaría Jiménez Faro

Panorama Antológico de Poetisas Españolas

(Siglos XV al XX)

EDICIONES TORREMOZAS
Madrid, 1987

PANORAMA ANTOLOGICO
DE POETISAS ESPAÑOLAS
(siglos XV al XX)
Primera edición: Mayo 1987
Ediciones Torremozas

© Luzmaría Jiménez Faro
Printed in Spain - Impreso en España
I.S.B.N.: 84-86072-68-9
Depósito legal: M. 11.438-1987
Impreso en Taravilla
Mesón de Paños, 6 - 28013 Madrid

PROLOGO

APROXIMACION AL «BOOM»
DE LA POESIA FEMENINA

De Rubén Darío para acá, los poetas son torres de Dios, pararrayos celestes que resisten las duras tempestades, como rompeolas para parar el tiempo y la eternidad... Cercano a Madrid, a un golpe de manivela automovilística —equivalente de lo que no hace mucho se decía «a un tiro de piedra»—, se levanta el refugio-castillo «Torremozas», auténtico pararrayos del espíritu, situado frente a un áspero y hermoso valle, en los llamados Cotos de Monterrey, convertido, por arte y parte de sus dueños, en morada y taller permanente de la poesía. Alta torre del tiempo, registra en los vientos de su veleta las tormentas creadoras.

Luzmaría Jiménez Faro es la fundadora y directora de ese complejo lírico, un tanto «in partibus infidelium» del reino poético que, en vez de hacerlo «torre de marfil», lo ha amarrado a los tórculos de una editorial de poesía. Y, más concretamente, de poesía escrita por mujeres. Pero hay que adelantarse para decir que a Luzmaría no le guía ninguna de esas urgencias feministas en su labor, sino un afán sanamente reivindicativo de buscar la poesía allí donde se encuentre, con más pasión, con más fervorosa entrega.

«Torremozas» comenzó hace unos años, con humildad —virtud que, conociendo a su directora, no va a perder nunca— y con tesón. Luzmaría Jiménez Faro sembró la poesía como un grano de trigo y, tras darle el calor de su entusiasmo, ahora se adivina una cosecha que ya empieza a dar el ciento por uno. Nada valdría el recuento, si no se concreta en datos: una colección de «Poesía de mujeres» que se acerca ya a los cincuenta volúmenes; la «Serie Prímula», con quince libros en la calle, sorprendentes por su presentación y su calidad. Dos colecciones en las que se acompañan muy oportunamente los textos poéticos con esclarecedores prólogos e introitos. Al flanco de estas colecciones han nacido el Premio «Carmen Conde» de poesía, ya con tres convocatorias consumadas —«El diván de la puerta dorada», de Luisa Futoransky; «Dios y otros sueños», de Isabel Abad, y «Aquí quema la niebla», de María Sanz— y un inminente Premio «Ana María Matute» de narrativa. Mas con ser esto importante, lo decisivo es que Luzmaría ha impuesto su fervor por la poesía y su capacidad de promotora en instituciones y mercados. La poesía femenina «vende», posiblemente porque la presencia de la mujer en la vida española se está produciendo con un grado de convicción mucho más apasionante que el del hombre.

Demuestra Luzmaría Jiménez Faro inequívocamente que antes de cocinera es poetisa profesa. Una semblanza suya no equidista demasiado, en su caso, de ese coraje que algunas de las mejores mujeres españolas echaron en el platillo de la balanza. Mujeres que trabajaron y lucharon denodadamente, como la investigadora María Goyri o como la pintora María Blanchard; pioneras de la igualdad de sexos como Victoria Kent o Federica Montseny; escritoras como María de Maeztu y María Teresa León, y tantas *otras. O, mejor aún, poetisas trabajando en el silencio —escasamente sonoro, pero al deseo de Juan Ramón Jiménez— sin pretender asumir otro papel histórico o social que el de cumplir con una vocación que las vinculase de por vida a la poesía.*

Madrileña de nacimiento, pero derramada de corazón, Luzmaría Jiménez Faro tiene ya una breve, aunque significativa obra poética. Un «algo temeroso y asombrado» le vino a las manos como si fuera una estrella fugaz o un unicornio mágico con su primer libro «Por un cálido sendero», firmado al alimón con su marido Antonio Porpetta —hoy flamante Premio Fastenrath de poesía por su libro «Los sigilos violados»—, todavía con la inocencia de los primeros ecos, pero ya con algunas afirmaciones evidentes: Tenemos que echar raíces / en esta vida, tan leves / que cuando Dios diga ¡Vamos! / con suavidad se nos lleve. *O también hablando en este tono:* Calla, no hables / escucha el latido / que a golpes de sangre / te dice que vivo. *Era, por supuesto, un comienzo nada audaz, pero sí valiente y claro. Una suerte de credencial que nos acercaba la tensión de una mujer tomada del demonio amoroso, a vida o muerte, con el amor o la existencia.*

Desde esta actitud apasionada —y qué suerte que la pasión nunca le haya abandonado en sus versos— Luzmaría Jiménez Faro ha sabido levantar una lírica con glóbulos rojos, poseída por un erotismo limpio y cálido a la vez, nada formulario. Para la autora de «Sé que vivo», el segundo poemario vibrante, el amor es mucho más que un «devaneo de Erato», para decirlo con un título de moda. Incluso desborda el impulso de la pasión y del sentimiento porque ella lo asume como una razón vital, como la condición «sine qua non» de su femineidad. Luzmaría se entrega con la inocencia y la ebriedad de quien obedece a un mandato bíblico, sin limitaciones, a una sensualidad derramada, individualizada y plena.

Así sus libros son todos y cada uno de ellos una nota intensa y diversificada de una misma sinfonía. «Cuarto de estar» recogía la voz más íntima y «doméstica» —¿quién nos iba a decir que esta palabra sería repescada por la autora para titular su último libro hasta hoy, «Letanía doméstica para mujeres enamoradas»?— que no anula nunca la libertad conceptual de sentirse compañera y amante a la vez, esposa y madre. Un clima cálido, nunca enturbiado por el desorden neurótico, paralelo a la lírica de María Enriqueta que, en un libro ya con todas las seguridades formales y con toda la asunción de un mundo personal como «Sé que vivo», trasciende de la pura posesión amorosa hacia un nivel fenomenológico.

En cualquier caso, es «Letanía doméstica para mujeres enamoradas» donde la materia amorosa está tratada con la peculiar matización de una autora que, si huye de desbocarse al uso y al abuso de tanto erotismo desenfrenado, logra una extraordinaria profundización humana. La fórmula litánica atenida a nada menos que dieciocho invocaciones de la Letanía Lauretana con su primera apelación latréutica comunica —a la vez que embellece—, al instinto amoroso, un tono doblemente creativo. Más que falsilla o pretexto mimético, la «reutilización» de unas fórmulas litúrgicas suponen una exaltación cuasi mística de la mujer, del cuerpo, de la materia erótica. Luzmaría Jiménez Faro consigue florecer en el poema como una mujer de carne y hueso, que cuenta con un enorme arsenal de expresividad cien por ciento poética...

Pero claro es que este breve paseo por la sensibilidad lírica de nuestra antóloga y editora sólo tiene una justificación: demostrar la capacidad de pasión y de sentimiento en su propia obra, aval imprescindible para acometer un trabajo como éste de comprensión y de valoración de la lírica femenina española. Una lírica que viene en el río lento de la lírica arábigo-andaluza, donde la mujer jugó un papel tan decisivo —recuérdese a Wallâda o a Hafsa, por ejemplo—, sólo equiparable al desempeñado por las escritoras francesas durante los siglos XVII y XVIII. Precisamente, la vuelta del orientalismo cultural —con el Mediterráneo por bandera— ha devuelto en las olas de la orilla la voz azogada de nuevas poetisas. Más atentas a la tradicionalidad de una cultura que tira del hilo del ovillo en vez de a asomarse al exterior con mimetismo.

Hay que agradecer a Luzmaría Jiménez Faro este riguroso mapa cartográfico de la poesía femenina que salva precisamente su discontinuidad y rareza. La historia de nuestra lírica avanza con poetas de tres en fondo, pero sólo con una insignificante presencia de la mujer. De Florencia Pinar, allá en el remoto quincento, a la Almudena Guzmán de los ambientes «punk» del café de Oriente, van cinco siglos en los que, si no falta un escabel de cuando en cuando para hacer pie, únicamente en el siglo XIX y, fundamentalmente, en el siglo XX, esta comparecencia es indeclinable. Un desierto de varios siglos —toda una travesía desolada— en el que figuran, eso sí, Teresa Sánchez de Cepeda o Rosalía de Castro. Incluso en el siglo XX, la ausencia es notoria en esas «décadas del silencio» de 1901 a 1920, que no pueden llenar una Concha Espina o una Pilar de Valderrama, eslabones de urgencia que Sáinz de Robles utiliza en su amplia antología con medianos resultados.

Ciertamente, la poesía femenina española ha sido un fenómeno de muy recientes maduraciones, espoleado —y parece que no pueda aplicarse el beneficio de la duda— por la arribada apocalíptica de los corceles del modernismo que abrieron el torrente impetuoso de las grandes voces hispanoamericanas. Uno cree que Gabriela Mistral, Alfonsina Storni, Juana de Ibarbourou, Delmira Agustini o María Enriqueta, etc., crearon un verdadero complejo de inferioridad en nuestras poetisas anteriores a 1936. Durante años todo quedó solapado ante el fulgurante exotismo o la telúrica pasión de estas mujeres entre bíblicas y rituales.

Gabriela Mistral fue algo así como el tronco o la fuente, pero asimismo la fiera profetisa que busca en la lengua el hueso vivo, en el lenguaje el salmo áspero de la mujer hebrea. Algo que estaba ausente en las coordenadas de la sensibilidad de nuestro romanticismo. Juana de Ibarbourou, menos aparatosa, pero diamantina y pulcra, baja de los improperios bíblicos a una sana sensualidad, a un enraizamiento terreno, sin que falte tampoco, en sus momentos más excelsos, una ráfaga arrebatadora de unción o de pasión místicas. El abrupto lirismo de la Mistral, sus ruegos y preguntas, se convierten en una casta desnudez expresiva, en una lengua de diamante en Juana, en dulce comunión con una naturaleza plena. El desgarramiento —que luego haría furor en nuestros pagos— de Alfonsina Storni, provocado por la dicotomía entre la religiosidad y la espiritualidad y el amor humano, demasiado humano, es otro elemento de este banco de reactivaciones que puede completarse con el erotismo sin rubor ni freno de una Delmira Agustini que supo envolver en la marmórea dureza de sus versos el ansia erótica escondida.

Enigmáticas y lejanas, a pesar de todo, la influencia en España está cantada. Con ellas, lo que el modernismo pudiera tener de «ismo» desaparece para imponer una carga vital, una corriente de vida, al punto que sin ellas la lírica femenina española no hubiera sido lo que es. Este furor vital y amoroso borró todos los complejos éticos y estéticos de nuestras voces hasta entonces atenidas a un lirismo de abanico o de puro bodoque en el paisaje. Enrique Díez Canedo dijo que el Modernismo era la influencia de retorno de los préstamos americanos, pero bien pudo decir que la experiencia modernista está en la base y en la configuración de la poesía femenina española.

Hoy no puede aceptarse, como hasta hace poco, que la poesía escrita por mujeres era una invención de Carmen

Conde —verdadera correa de transmisión y contacto entre los dos océanos— si es que no un sueño revelado en sus antologías, pese a nominar alguna de éstas con el expresivo título de «poesía femenina española viviente». La guerra civil, que, como toda violencia desatada, trajo consigo vitales desgarraduras y lacerantes exilios interiores o exteriores, obligó a desatar las lenguas, en la soledad reflexiva o en la distancia del desarraigo. Su sacudida brutal devolvió a la realidad a algunos de los movimientos puramente estéticos, por ejemplo, resituando «a la altura de las circunstancias» a algunos de los poetas del 27, dando ocasión de plenitud a las voces en exceso formalistas de la generación del 36, e, inevitablemente, confabulando con la realidad dura y dramática a la promoción de posguerra.

En esa tesitura, aguzadas por su sensibilidad casi hiperestésica, aparecen las voces de mujer con una percusión de alta temperatura emocional y cordial realmente intransferible. Por primera vez, y pese a hacer la guerra poética por su libre cuenta, las mujeres acompasan su paso al de los hombres. Y participan, al menos en una no despreciable medida, de los azares de un tiempo común. Pudorosas o apasionadas, cada una de nuestras poetisas está atenta a su juego. Pero ya no se aíslan o se dispersan en una vaga provincia de lirismo neoclásico o neorromántico, sino que respiran por una herida generacional, dejando una huella en la que no es difícil observar una gota de sangre. Las matriarcas hispanoamericanas siguen amparando algunas de sus inflexiones, ciertos ademanes retóricos, una parafernalia expresiva de adjetivaciones peculiares. Mas el latido profundo se arraiga en una realidad que pasa por la historia reciente, por el contorno inmediato. De pronto, el humanismo machadiano y su amor por el paisaje se ha prendido en su bastidor y los vislumbres surrealistas del aleixandrismo, espléndida coartada para narrar *sus deseos o impugnar sus gritos, configuran el tono del anhelo femenino.*

Quiere decirse que la reconciliación con el propio tono se ha producido, así como se ha logrado encontrar la autenticidad de voz. ¿Qué ha ocurrido? Sencillamente que la mujer escritora ha encontrado en la poesía el «cálido sendero» para identificarse. La poesía es un fenómeno íntimo, muy personal —estrictamente personal, diríamos— difícilmente encuadrable en los movimientos liberatorios de una Betty Friedan, más cercanos de la sociología que de esta introspección que es toda confesión lírica. Una cosa parece evidente, sin embargo, y es que en el siglo XX, como ha escrito Julián Marías, cada mujer se pregunta por sí misma. La vida humana consiste en preguntarse e ir dando una significación al nombre propio, y eso es lo que constituye nuestra biografía. ¿Extrañará que en los nerviosos lustros de nuestra contemporaneidad sea la poesía el medio más a mano para que las mujeres se doblen sobre su íntima condición humana. Y se pregunten y se diluciden?...

Una mujer que necesita confesarse está en la mejor disposición de ser una mujer que escribe. Y que escribe poesía. Y en una etapa de la vida en que se ha roto esa concurrencia milenaria que siempre ha ido de consuno, entre lo que la mujer tiene de transmisora de la especie —la reproducción humana— y lo que tiene de hospitalario —la sexualidad— también su unívoco sentido lírico se ha disociado y, por supuesto, también se ha enriquecido. Como oscuro objeto del deseo o como cauce cálido de la vida, la mujer ha distorsionado lo simplemente biológico, que ha cedido ante lo social, ante lo que es su biografía. Hablar de poesía femenina es hablar de vida, de existencia, de una condición humana atada a la realidad histórica. Si hasta el pudor o los tabúes sociales dejan la aspiración estética o el grito en una nube etérea, es otra cosa...

Pues parece una verdad sin eufemismos que las confesiones de una mujer y sus referencias poéticas van más allá de su vinculación, más o menos inevitable, al varón o al hombre. La poesía no tiene sexo, aunque tal afirmación, exacta en su fenomenología, no lo sea en el grado absoluto, puesto que la emancipación de la mujer tan sólo ha comenzado. Una rápida ojeada a la historia de la poesía, desde la Rumakkiya de los reinos de Taifas hasta la Sylvia Plath de los neones neoyorkinos, ha de sorprenderse del espectro amplio de una lírica donde empiezan a sonar compases más tensos que la nostalgia o la sensiblería. Nuestra poesía femenina de posguerra ha enriquecido su timbre: los temas hasta ahora tradicionales como el amor o la muerte, la soledad o la tristeza, son sólo una parte de la materia lírica: el sentido de lo «social» en el poema, la proyección afirmativa del «yo», la misma asunción de la vulnerabilidad de su persona, su papel de «chivo emisario» en algunos asuntos de irredención, etc.

Todo esto es lo que les lleva a sentir con su tiempo, a afirmar su condición femenina, aunque todavía lejos de los movimientos liberadores o feministas a ultranza. El arte no es independiente de la naturaleza humana y en este aspecto nuestras poetisas de posguerra añaden a los temas de la tradicionalidad que venían del barroco o del romanticismo, otros enraizados con el propio testimonio. Así dejan de alzarse sobre el «dócil barro femenino» para acceder a otras preocupaciones que, aun derivadas de la maternidad y sus servidumbres, logran una mayor universalidad. Los juegos estéticos terminan en el mismo instante en que las preocupaciones del momento acosan y vinculan de por vida al poeta.

La guerra civil española es, por lo tanto, ese «mar rojo» que baña con sus turbulentas aguas el corazón de

tanta poetisa desolada. Islas al fin y al cabo, las voces fe-
meninas hacen redoblar su conciencia, bien que empaquen
sus gritos y sus iras, es decir, su protesta y su rebeldía,
mezcladas con la súplica y el amor, sobre un soporte vela-
do por la religiosidad o lo paradisíaco. Es Carmen Conde
el primer nombre sólido al que hemos de referir esta sa-
cudida desgarradora, este cambio estético. No importa que
todavía su queja tenga el sentido absoluto de Gabriela, el
edenismo de una condición genérica de la mujer. Su poe-
sía ha nacido de la verdad y su vitalidad es incontenible,
dos premisas que justifican la índole moral y cívica de su
pasión del verbo. Ser fiel a nuestra época —*decía Carmen*
Conde en 1944— lo considero un deber ineludible. No puedo residenciarme en un hermoso siglo dando la espalda
al presente. Estos años de destrucción brutal y de arrebatada búsqueda exigen la presencia íntegra del alma de su
tiempo.

Mujer sin edén será para todos Carmen Conde, al igual
que, unos años después, Angela Figuera será la mujer de
barro, vencida por el ángel, personificando otro período
—o mutación del proceso lírico femenino— particularmen-
te significativo. Nadie mejor que una mujer oprimida para
hablar de la falta de libertad en el mundo, para implicar
sus propias carencias sociales en un proceso de denuncia
colectiva. El velo surrealista e irradiante que cubría la
palabra de Carmen Conde adquiere en Angela Figuera una
más expeditiva vibración que en absoluto pone en peligro
su «belleza cruel». Todo lo que en la poesía femenina an-
terior quedaba más o menos implícito, ahora, en ella, es
una poesía que toca la tierra: Hijos, ya veis: no tengo
otras palabras; / insisto, insisto, insisto; verso a verso, /
repito y enumero lo evidente, / lo que a los ojos se me
clava a diario. / Y lo que está escondido bajo el lado, /
para que surja y brille, lo enumero...

La lírica escrita por mujeres ha llegado a un momento
tan alto que es precisamente ante la aparición de «Belleza

cruel» *(1958) cuando León Felipe entona su palinodia para devolver a los poetas españoles que viven en España el salmo y la canción, en réplica a sus propios versos:* Hermano... tuya es la hacienda / la casa, el caballo y la pistola... / Mía la voz antigua de la tierra. / Tú te quedas con todo / y me dejas desnudo y errante por el mundo... / mas yo lo dejo mudo... ¡mudo!... *Pudo hacerlo y desmentirse ante Dámaso Alonso, o Gabriel Celaya, o José Hierro, o Blas de Otero. Sin embargo, es Angela Figuera a quien pone por testigo. Con ella, la poesía femenina ingresa en la corriente rehumanizadora y social en la que la participación femenina deja de ser un simple accidente: María Beneyto, María Elvira Lacaci, Gloria Fuertes, Sagrario Torres, Concha Zardoya, Acacia Uceta, Ana María Navales, etcétera, son la cauda de ese camino de estrellas...*

Atrás quedaron, en las inquietas y nerviosas jornadas de los «Versos con faldas» o los «Versos a medianoche», la flor de un día de una cierta rebeldía coyuntural, que se acercaba más a una «reserva» aparte o un gineceo grecolatino que a la reafirmación de la mujer en toda su categoría literaria. Importa señalar que esta revelación de posibilidades se produce en la poesía «desde dentro», por una toma de conciencia de sus autoras y no tanto por el influjo de un feminismo europeo. En España la mujer, hasta muy entrados los setenta, nunca perdió el pudor de su condición, lo que explica que entre nosotros no hayan existido escritoras del talante de una Virginia Woolf o una Simone de Beauvoir, ni hayamos asistido a fenómenos literarios como el de Françoise Sagan y similares. Tímidamente, la liberación poética se produce de un modo marginal y en precario, traída por movimientos en algún punto artificiosos, como el gusto «camp» —que podría emblematizar Ana María Moix y su lirismo de falda kent y balada del Dulce Jim...— y la estética con cierto tufo «pop» de los «Novísimos», un modo de deleitarse y de realizarse sin emitir juicios severos, sin compromiso...

Y es que ése era el caldo de cultivo de lo que hoy llamamos «posmodernidad», realmente la ocasión en que la sensibilidad femenina ha explotado en un «boom» espectacular. Los «años ochenta» han visto llegar a una niña de provincias que se vino a vivir en un Chagall a Madrid —hablamos de Blanca Andreu, toda una revelación poética en 1980, precisamente con otra «liberada», Ana Rossetti— y, desde entonces, la nómina aumenta en progresión cuasi geométrica. El parco eco del «mayo francés» en nuestro horizonte literario recogía, al fin, alguno de sus postulados estéticos y los nuevos libros de poesía femenina incluían, debidamente aplicada, la imaginación al poder. Y hoy estamos al día. Ahí ha quedado como signo de este definitivo «aggiornamento» el libro de Ymelda Navajo, «Doce relatos de mujeres», con escritoras de tan definida trayectoria como Lourdes Ortiz o Soledad Puértolas, Esther Tusquets o Rosa Montero, entre otras, cuya correspondencia en lírica pura tiene su réplica.

Tiene su réplica y lo que, con toda propiedad, puede considerarse como una ruptura. El panorama de la última década en la poesía —y también en la narrativa— ha aumentado cuantitativa y cualitativamente como efecto de la participación de la mujer en áreas y campos anteriormente vedados o vergonzantes para ella. Esos gestos y actitudes que creíamos estaban reservados para las autoras anglosajonas o francesas de los años 50 y 60, desde los «angry young men» británicos a los «beatniks» norteamericanos, han brotado con fuerza en la España democrática. Se trata de las «Woolf-boys» de la novela o de las «diosas blancas» de la poesía ocupando un espacio vacío desde hace siglos. Las letras españolas, sobre todo de los siglos XIX y XX, vivaqueaban con nombres de indudable jerarquía. Pero eran nombres aislados, voces sin concierto. En 1986 —y que los sociólogos y críticos investiguen las razones— los espacios se han integrado. Y la mujer lucha

*por encontrar un lugar al sol, en las mismas condiciones
de igualdad y de libertad que el hombre.*

*Este «panorama antológico» avista con voluntad de tes-
timonio la espléndida realidad lírica y la recoge en su
irrestañable cascada de nuevas voces. Frente a algunos flo-
rilegios recientes, cuyo «totum revolutum» es imposible
ordenar con sentido, o pasando por alto otras selecciones
sectoriales, cuyo mimetismo con otros libros sobre la materia las hace anodinas, Luzmaría ha objetivado en su libro
la nómina del siglo XX, en una consideración muy cir-
cunstanciada, sin olvidar las mejores muestras de épocas
anteriores. Queda claro que lo que ella llama las «décadas
del silencio» —los veinte años de principio de siglo— obli-
garía a una investigación «in situ» que acaso nos reservara
algunas sorpresas... Pero este libro quiere ser —y vaya si
lo es— un espejo a lo largo del camino, rúbrica de notario
de la última explosión galáctica, reflejo un si es no es
inquietante y luminoso, del «boom» último de nuestra poesía femenina. En la selección falta, por supuesto, Luzmaría
Jiménez Faro —con obra ya, breve, pero consistente—
aunque nos consuela saber que, si leemos entre líneas, su
amorosa sensibilidad, su talento literario se adivinan en
la sabia cosecha de un jardín donde la belleza nos llega
de su mano...*

Florencio MARTÍNEZ RUIZ

JUSTIFICACION

Es un hecho indiscutible que la participación de la mujer en nuestro panorama poético actual es cada día más fuerte y de mayor calidad. Superadas —o muy cerca ya de superarse— las viejas trabas de carácter sociológico y educativo que constreñían la labor intelectual a un número muy reducido de mujeres, porcentualmente ínfimo en relación al de hombres, estamos asistiendo a un despertar de nuestra poesía femenina que hace prever, a muy corto plazo, una auténtica eclosión, similar quizás a la que se produjo en algunos países hispanoamericanos en las primeras décadas del siglo.

Insistencia en temas antiguamente intocables por nuestras poetisas; aparición de voces jovencísimas con mucho que decir y diciéndolo muy bien; éxitos en concursos importantes; libros excepcionalmente acogidos por la crítica; atención cada día mayor de los medios de comunicación, etc., son otros tantos indicios de que ese «despertar» es ya una realidad palpable.

Van quedando lejos los tiempos en que el término «femenino» aplicado a la poesía escrita por mujeres se identificaba con «sensiblero», dándosele un matiz claramente discriminatorio que oscilaba entre lo insulso y lo dulzón. Como ya es obsoleta la contraposición entre poesía femenina y poesía masculina: no existe más que poesía, independientemente del sexo de quien la escriba, aunque haya una sola experiencia concreta —la maternidad— exclusiva de la mujer, mientras no se demuestre lo contrario. Incluso existen temas —el erótico, por ejemplo— en los que nuestras poetisas están demostrando en la actualidad más valentía, y quizás más profundos conocimientos, que los hombres: ahí están sus libros para demostrarlo sin prejuicios ni estrecheces, sin tabúes ni pudores malentendidos.

Decimos *poetisas*, y lo decimos con el orgullo de quien tiene una palabra para definirse. A estas alturas me resulta un tanto absurda la manía de llamar «poetas» a las mujeres que escriben poesía: si lo que queremos es una reivindicación y un reconocimiento (como ocurre con las «catedráticas», las «juezas» o las «ministras»), no hay por qué acudir a una masculinización que nos equipare, sino al mantenimiento de un término que nos personaliza y distingue. El día en que la hermosa palabra poetisa no nos suene a algo cursi o decimonónico, nuestra batalla habrá sido ganada, suponiendo que aún quede algún luchador despistado o alguna luchadora con viejas reminiscencias sufragistas. Porque una cosa es la reivindicación de derechos y otra el correcto uso del idioma, entiendo.

Pero este magnífico panorama que hoy presenta nuestra poesía femenina no ha nacido, como es natural, por generación espontánea. A pesar de las dificultades que frenaban el desarrollo intelectual del «sexo débil», a pesar de tantas y tantas trabas históricas, muchas voces importantes se alzaron en todos los tiempos para dejar constancia de una presencia, de una aportación, muchas veces fundamental, a nuestra historia literaria. De ellas descendemos las poetisas de hoy, y de ellas hemos recogido —poesía como continuidad universal en el tiempo—, de forma consciente o inconsciente, nuestra palabra actual. Reconocerlo así es un acto de agradecimiento y de justicia; un acto también de amor hacia quienes nos abrieron un cauce y nos trazaron un camino. Este reconocimiento es lo que he pretendido con mi «Panorama antológico de poetisas españolas».

No he tratado de hacer una recopilación exhaustiva de todo lo mucho y bueno que la mujer ha aportado a la poesía española durante seis siglos, ni el estudio de las corrientes poéticas por las que ha transcurrido su quehacer, ni tampoco he considerado, en lo que concierne al siglo XX, generaciones, grupos ni tendencias. Como el título del libro indica, solamente he querido presentar una visión panorámica, un muestreo de poetisas españolas, con la carga de subjetividad que toda labor de este tipo conlleva. Sé, por supuesto, que muchos nombres importantes se han quedado fuera de este trabajo. Pero no creo que falte ni uno solo verdaderamente representativo. En todo caso, como es lógico, asumo mi responsabilidad, tanto en la selección de poetisas como en la de sus poemas.

Aunque lejos de nuestra sensibilidad actual, he incluido, si bien que brevemente, algunos nombres de los siglos XV al XVIII, como homenaje a quienes nos dieron el ejemplo de su palabra en épocas tan negadas casi en todo a la mujer. Ellas lucharon con sus poemas, la mayoría desde sus celdas conventuales, por lo que hoy hemos conseguido. El siglo XIX, que significó un renacer para nuestra poesía y para nuestra literatura en general, viene representado por las tres voces-cumbre de Gertrudis, Rosalía y Carolina. Y el siglo XX ha sido dividido en décadas, incluyendo en ellas a las poetisas antologadas según las fechas de publicación de sus primeros libros. De la década actual se recogen cuatro voces que me parecen muy significativas, aunque esta impresión mía sólo el futuro podrá confirmarla.

Con la excepción de los Premios «Carmen Conde», no he considerado oportuno incluir a ninguna de las poetisas jóvenes, o menos conocidas, que han publicado en nuestras Colecciones, para evitar posibles malentendidos de «promoción editorial» desde esta antología, aunque muchas de ellas tienen sobrados méritos y calidad poética más que suficiente para figurar en estas páginas. En un próximo trabajo destacaré, como se merecen, estas voces.

Comprendo que no hay labor más criticable que la del antólogo, y que cualquier publicación de esta clase tiene sus aciertos y sus errores. Pero si con este libro consigo revitalizar algunos nombres olvidados o casi desconocidos y mostrar al lector amante de la poesía algo de lo mucho que las poetisas de todos los tiempos nos han entregado, mi objetivo habrá sido plenamente cumplido.

Luzmaría Jiménez Faro

MI AGRADECIMIENTO:

A todas las poetisas que fueron, son y serán a través del tiempo.

A las que, incluidas en este libro, han facilitado mi labor proporcionándome datos y publicaciones.

A Marisol y Enrique Rodríguez Daganzo por su valiosa aportación bibliográfica.

L. J. F.

Siglo XV

$\mathcal{E}$ S difícil adentrarnos en el siglo xv, y aun cuando nos hayan llegado algunos nombres y algunos poemas, las fechas y las autoras son imprecisas. Entre las conocidas con certeza destacaremos a:

MARIA SARMIENTO, que fundó en 1428 con su marido Hernán Pérez de Ayala el Hospital de Santiago, en Vitoria. Dejó algunas octavas.

ISABEL DE BORJA, nacida el 15 de enero de 1498 en Gandía, ciudad en la que tomó el hábito de Clarisa. De ella decía Ximeno que era *de un aspecto angélico, de una conversación afable, en las acciones compuesta, en el inglenio excelente...* Compuso, entre otras cosas, unas *Exhortaciones espirituales* dirigidas a sus religiosas.

FLORENCIA PINAR, de quien sabemos que vivió en la segunda mitad del siglo. Algunas de sus composiciones se conservan en un Cancionero en el Museo Británico. De ella es el poema siguiente:

CANCION

Es de diversas colores,
que quien no se guarda dellas,
si se l'entra en las entrañas,
no puede salir sin ellas.

....

Es de diversas colores,
críase de mil antojos;
da fatiga, da dolores,
rige grandes y menores,
ciega muchos claros ojos;
y aquellos, desque cegados,
no quieren verse en clarura;
hállanse tanto quebrados,
que dicen los desdichados
es un cáncer de natura,
a quien somos sojuzgados.
Entranos por las aslillas (*)
cuándo quedo, cuándo apriesa,
con sospechas, con rencillas;
y al contar destas mancillas
tal se burla que s' confiesa,
y aun las más defendidas
señoras del ser humano,
cuando déste son heridas,
si saben y son garridas,
y a ellas come lo sano
y a nosotros nuestras vidas.

(*) De axilella, diminutivo de axilla, axila (N. de la A.).

Siglo XVI

NO es nuestra intención hacer un estudio de lo que significó el Renacimiento para nuestra poesía al aportar un equilibrio armónico entre la forma y el fondo; ni tampoco hablar del Siglo de Oro, con la gran perfección conceptual que significó para nuestra literatura. Ciñéndonos a lo estrictamente femenino, bástenos decir que un solo nombre, el de Teresa de Jesús, justifica sobradamente la presencia de la mujer en la poesía del siglo XVI.

TERESA SANCHEZ DE CEPEDA Y AHUMADA, nacida en Avila el 28 de marzo de 1515, fue, además de escritora, mística, reformadora y santa. Por ser tan conocida su biografía, nos limitaremos aquí a incluir algunas de sus composiciones poéticas:

GLOSA QUE NUESTRA SANTA MADRE TERESA DE JESUS HIZO AL VELO DE LA HERMANA ISABEL DE LOS ANGELES, EN SALAMANCA, AÑO DE 1571

Hermana, porque veléis,
os han dado hoy este velo,
y no os va menos que el cielo;
por eso, no os descuidéis.

Aqueste velo gracioso
os dice que estéis en vela,
guardando la centinela
hasta que venga el Esposo.
Que como ladrón famoso,
vendrá cuando no penséis;
por eso, no os descuidéis.

No sabe nadie a cuál hora,
si en la vigilia primera,
en la segunda o tercera;
todo cristiano la inora;
pues velad, velad, hermana,
no os roben lo que tenéis;
por eso, no os descuidéis.

En vuestra mano encendida
tened siempre una candela,
y estad con el velo en vela,
las renes (*) muy bien ceñidas;
no estéis siempre amodorrida,
mirad que peligraréis,
por eso, no os descuidéis.

Tened óleo en la aceitera
de obras y merecer,
para poder proveer
la lámpara, no se muera;

(*) Riñones (N. de la A.).

porque quedaréis de fuera
si entonces no la tenéis,
por eso, no os descuidéis.

Nadie os le dará prestado;
y si lo vais a comprar,
podríades mucho tardar
y el esposo haber entrado;
y desque, una vez cerrado,
no hay entrar aunque llaméis;
por eso, no os descuidéis.

Tened contino cuidado
de cumplir como alma fuerte
hasta el día de la muerte,
lo que habéis hoy profesado;
porque habiendo así velado,
con el Esposo entraréis;
por eso, no os descuidéis.

OCTAVA

Dichoso el corazón enamorado
que en sólo Dios ha puesto el pensamiento
por El renuncia todo lo criado,
y en El halla su gloria y su contento.
Aún de sí mismo vive descuidado,
porque en su Dios está todo su intento,
y así alegre pasa y muy gozoso
las ondas de este mar tempestuoso.

YO TODA ME ENTREGUE Y DI...

Yo toda me entregué y di,
Y de tal suerte he trocado,
Que mi Amado para mí,
Y yo soy para mi Amado.

Cuando el dulce cazador
Me tiró y dejó rendida,
En los brazos del amor
Mi alma quedó caída,
Y cobrando nueva vida
De tal manera he trocado,
Que mi Amado para mí
Y yo soy para mi Amado.

Tiróme con una flecha
Enarbolada de amor,
Y mi alma quedó hecha
Una con su Criador;
Ya yo no quiero otro amor,
Pues a mi Dios me he entregado,
Y mi Amado para mí
Y yo soy para mi Amado.

SI EL AMOR QUE ME TENEIS...

Si el amor que me tenéis,
Dios mío, es como el que os tengo,
Decidme, ¿en qué me detengo?
O vos, en qué os detenéis?

—Alma, ¿qué quieres de mí?
—Dios mío, no más que verte.
—¿Y qué temes más de ti?
—Lo que más temo es perderte.

Un alma en Dios escondida,
¿Qué tiene que desear
Sino amar y más amar,
Y en amor toda encendida,
Tornarte de nuevo a amar?

Un amor que ocupe os pido,
Dios mío, mi alma os tenga,
Para hacer un dulce nido
Adonde más la convenga.

Junto a esta figura insigne, aunque, por supuesto, en muy distinto plano, recordaremos a:

LUISA SIGEA, nacida en Toledo hacia 1530. Conocido su talento, entró en Lisboa al servicio de la Infanta Doña María, que procuró rodearse de damas eruditas, y allí permaneció durante trece años. Dominaba las lenguas latina, griega, hebrea y caldea. Se casó con Francisco de Cuevas, con quien residió en Burgos y, posteriormente, en Valladolid. Como muestra de su quehacer poético incluimos la siguiente composición, en muchos de cuyos versos se encuentra quizás un anticipo de lo que luego en Quevedo alcanzaría alturas absolutamente geniales:

UN FIN, UNA ESPERANZA, UN COMO, UN CUANDO

Un fin, una esperanza, un como o cuando;
tras sí traen mi derecho verdadero;
los meses y los años voy pasando
en vano, y paso yo tras lo que espero;
estoy fuera de mí, y estoy mirando
si excede la natura lo que quiero;
y así las tristes noches velo y cuento,
mas no puedo contar lo que más siento.

En vano se me pasa cualquier punto,
mas no pierdo yo punto en el sentillo;
con mi sentido hablo y le pregunto
si puede haber razón para sufrillo:
respóndeme: sí puede, aunque difunto;
lo que entiendo de aquél no sé decillo,
pues no falta razón ni buena suerte,
pero falta en el mundo conocerte.

En esto no hay respuesta, ni se alcanza
razón para dejar de fatigarme,
y pues tan mal responde mi esperanza
justo es que yo responda con callarme:
fortuna contra mí enristró la lanza
y el medio me fuyó para estorbarme
el poder llegar yo al fin que espero,
y a mí me hace seguir lo que no quiero.

Por sola esta ocasión atrás me quedo,
y estando tan propincuo el descontento,
las tristes noches cuento, y nunca puedo
hallar cuento en el mal que en ella cuento;
ya de mí propia en esto tengo miedo
por lo que me amenaza el pensamiento;
mas pase así la vida, y pase presto,
pues no puede haber fin mi presupuesto.

Otras poetisas de esta época que nos precedieron en el amor a la palabra son: SOR MARIA SAN JOSE, toledana nacida en 1548. Fue discípula de Santa Teresa, a quien estaba unida por una gran amistad y devoción; LUISA DE CARVAJAL, extremeña de 1566, que destacó por la propagación de la fe católica y vivió varios años en Inglaterra, en donde fue perseguida y encarcelada; SOR MARIA DE LA ANTIGUA, nacida en Cazalla de la Sierra (Sevilla); SOR HIPOLITA DE JESUS ROCABERTI, nacida en Barcelona en 1549. Tomó el hábito de las Religiosas de Santo Domingo, llegando a Maestra de novicias; SOR ANA DE SAN BARTOLOME, nacida en la provincia de Avila de 1549; SOR JERONIMA DE LA ASUNCION, nacida en Toledo en 1555. Destacó por sus virtudes en el convento de Santa Isabel; y CAYETANA OSSORIO, que escribió, entre otras composiciones, el *Huerto del celestial esposo* y una exposición de los Salmos por el orden en que se encuentran en el Breviario cisterciense.

Siglo XVII

NA Caro, María de Zayas, Catalina Clara de Guzmán y Cristobalina Fernández de Alarcón, todas ellas nacidas en las postrimerías del siglo XVI, constituyen una clara muestra del testimonio cultural femenino en el siglo al que nos referimos.

De ANA CARO y MARIA DE ZAYAS nos llegan sus vidas un tanto difuminadas, pero no así sus obras, que están perfectamente recogidas. Compartieron amistad y mutua admiración, e incluso doña Ana escribió unas *Décimas y sonetos en loor de doña María*. Pero preferimos centrar nuestra atención en las otras dos poetisas, menos conocidas:

CATALINA CLARA DE GUZMAN nació en Zafra, en donde residió la mayor parte de su vida. En sus poemas cita a varias de sus hermanas y hace un canto muy hermoso a la bizarría de su hermano Pedro. Transcribimos dos deliciosos romances de esta autora:

ROMANCE PINTANDO EL INVIERNO

Qué amenazado está el campo
de las iras de el diciembre,
que le ha dado soplo al aire,
que ha de abrasarlo con nieve.

Los árboles prevenidos
desnudos las hojas tienen,
que el estorbo de estar preso
no embaraza al que es valiente.

Piezas las nubes disparan
desde sus muros celestes,
siendo campo de batalla
el que de flores fue albergue.

Balas de cristal esparce
sobre el florido tapete,
blanco de su puntería,
a pesar de tanto verde.

Banderas tremola el cierzo
y las plantas se estremecen,
porque, aunque son cosas de aire,
la debilidad las teme.

Su miedo helados confiesan
los arroyos y las fuentes,
si no es que, muertas las flores,
ya ser expertos no quieren.

Treguas les propone el marzo,
y abril socorros le ofrece,
con ejércitos de rosas
y escuadrones de mosquetes

ROMANCE A UNA FUENTE

Presumiendo va de clara
una fuente que al pasar
dio su parecer a un sauce
a quien le dijo verdad.
No quieren sufrir las flores
que haga desto vanidad,
trayéndole a la memoria
que la han visto murmurar.
Por la vida que le deben
pudieran disimular,
mas juzgan adulación
lo que es en ella piedad.
Deshecha en lágrimas corre
desatando su cristal,
que culpas de ingratitud
aun en agua hacen señal.
Clori, a quien dio sollozando
estas quejas su raudal,
consolando su corriente,
este consejo les da:
«Si el amor hace ingratos
fuente apacible,
sequedades aprende
para hacer firmes».

CRISTOBALINA FERNANDEZ DE ALARCON, nacida
en Antequera, fue educada con esmero y aprendió el latín
con Juan de Aguilar. Se dice que, estando casada, tuvo un
amorío más o menos platónico, que quedó plasmado en
estos versos:

Si amor, que me transforma,
quitándome el pesado y triste velo,
me diera nueva forma,

volara, cual espíritu, a mi cielo,
y no abatiera el vuelo;
que ya rompiera entonces
de cualquiera imposible duros bronces.

Se casó en segundas nupcias con Juan Francisco
Correa, en julio de 1606, y falleció en 1646, siendo enterrada en la iglesia de San Sebastián de Antequera. De su
abundante obra poética, transcribimos el siguiente poema:

CANCION AMOROSA

Cansados ojos míos,
ayudadme a llorar el mal que siento;
hechos corrientes ríos,
daréis algún alivio a mi tormento,
y al triste pensamiento
que tanto me atormenta,
anegaréis con vuestra gran tormenta.
Llora el perdido gusto
que ya tuvo otro tiempo el alma mía,
y el eterno disgusto
en que vive muriendo noche y día;
que estando mi alegría
de vosotros ausente,
es justo que lloréis eternamente.
¡Que viva yo, Fernando,
por quien tanto de amarme se desdeña!
¡Que cuando estoy llorando
haga tierna señal la dura peña,
y que a su zahareña
condición no la mueven
las tiernas lluvias que mis ojos llueven!
¡Sombras que en noche oscura
habitáis de la tierra el hondo centro,

decidme, ¿por ventura
iguala con mi mal el de allá dentro?
Mas ¡ay! que nunca encuentro
ni aun en el mismo infierno
tormento igual a mi tormento eterno.

¿Cuándo tendrá, alma mía,
la tenebrosa noche de tu ausencia
fin, y en dichoso día
saldrá el alegre sol de tu presencia?
Mas ¿quién tendrá paciencia?
que es la esperanza amarga
cuando el mal es prolijo y ella es larga.

¡Oh tú, sagrado Apolo,
que del alegre Oriente al triste ocaso
el uno y otro polo
del cielo vas midiendo paso a paso,
¿has descubierto acaso
desde tu sacra cumbre
el hemisferio a quien mi sol da lumbre?

Dirásle, si lo esconde
en sus dichosas faldas el aurora,
lo mal que corresponde
a aquesta alma cautiva que le adora,
y cómo siempre mora
dentro del pecho mío,
tan abrasado cuanto el frío es frío.

Infierno de mis penas,
fiero verdugo de mis tiernos años,
que con fuertes cadenas
tienes el alma presa en tus engaños,
donde los desengaños,
aunque se ven tan ciertos,
cuando llegan al alma llegan muertos.

Yo viviré sin verte
penando, si tú gustas que así viva,
o me daré la muerte,

si muerte pide tu crueldad esquiva;
bien puedes esa altiva
frente ceñir de gloria,
que amor te ofrece cierta la vitoria.

Tuyos son mis despojos,
adorna las paredes de tu templo,
que tus divinos ojos
vencedores del mundo los contemplo;
ellos serán ejemplo
de ingratitud interna,
como los míos de firmeza eterna.

¡Ay ojos! ¡quién os viera!
que no hubiera pasión tan inhumana
que no se suspendiera
con vista tan divina y soberana.
Quedara tan ufana,
que el pensamiento mío
cobrara nuevas fuerzas, nuevo brío.

Si amor, que me transforma,
quitándome el pesado y triste velo,
me diera nueva forma,
volara, cual espíritu, a mi cielo,
y no abatiera el vuelo,
que yo rompiera entonces
de cualquier imposible duros bronces.

No estuviera seguro
el monte más excelso y levantado,
ni el más soberbio muro
de ser por mis ardides escalado,
y a despecho del hado
descendiera, por verte,
al reino escuro de la escura muerte.

Mil veces me imagino
gozando tu presencia en dulce gloria,
y con gozo divino
renueva el alma su pasada historia;

que con esta memoria
se engaña el pensamiento
y en parte se suspende el mal que siento.
    Mas como luego veo
que es falsa imagen que cual sombra huye,
auméntase el deseo,
y ansias mortales en mi pecho influye,
con que el vivir destruye;
que amor en mil maneras
me da burlando el bien, y el mal de veras.
    Canción, de aquí no pases;
cese tu triste canto,
que se deshace el alma en triste llanto.

De las nacidas ya dentro del siglo XVII, destacamos por su notable y fecunda obra a: SOR MARIA DE SANTA ISABEL, toledana, que firmaba con el seudónimo de *Marcia Belisarda;* LEONOR DE LA CUEVA Y SILVA, de Medina del Campo; y ANTONIA DE MENDOZA, Condesa de Benavente que, a pesar de ser una magnífica poetisa, murió de forma muy poco poética, según nos cuenta Jerónimo de Barrionuevo: *En 1656 murió la Condesa de Benavente. Fue el caso que esta señora se comía cada día cuatro pollas de leche en diferentes maneras. Cenó una en jigote (*) y una en pepitoria, comiendo de ella 16 alones sin los adherentes acostumbrados de conservas y sustancias. Díjole el médico que la asistía que para su edad era mucha cena. Respondiole que sin esto no dormiría, y hízolo tan bien que amaneció en el otro mundo volando en los alones de las aves...*

(*) Guisado en pedazos menudos, con manteca (N. de la A.).

Siglo XVIII

ESTE siglo nos llega con una enorme preocupación por el lenguaje (en 1714 Felipe V creó la Real Academia Española), pero sin la brillantez y el auge poético de los anteriores. Decadencia del barroquismo, búsqueda de la expresión equilibrada, predominio de la razón: todo ello dará paso a los primeros perfiles del Romanticismo. Su nómina de poetisas es poco extensa. Citaremos los siguientes cuatro nombres:

MARIA NICOLASA DE HELGUERO, nacida en Palencia. Estuvo casada con el Marqués de San Isidro; cuando quedó viuda ingresó en el monasterio de las Huelgas, del que una tía suya había sido Abadesa. Dedicó estas octavas a su hermano Pedro de Helguero, muerto gloriosamente en batalla con los argelinos:

> Bárbara mano, ¿cómo así atrevida,
> Con el fuego y el plomo has conspirado
> Contra el cántabro bello, cuya vida
> En su perfecta edad has marchitado?

De su valor el Africa ofendida
Envidiosa, tirana se ha mostrado
Y el infiel Ismael el tiro ha hecho
En el rosado blanco de su pecho.

Admirable divina providencia
Independiente en tus operaciones,
¿Cómo al inmenso abismo de tu ciencia
Podrán sondear humanas comprehensiones?
Yo imagino, Señor, que fue clemencia
Al alma libertar de sus prisiones;
Tu juicio adoro, y víctima te ofrezco
Con el dolor intenso que padezco.

Murió Petronio, y el ingrato olvido
También cruel su nombre ha sepultado;
No hubo laurel, que desdeñoso ha huido
De un mérito, aunque heróico, desgraciado;
Solo la bella tropa en quien ha sido
Por sus amables prendas estimado,
De su heroicidad imprime historia
En el terso papel de la memoria.

(fragmento)

JOAQUINA TOMASETI DE ARANDA, nacida en Cádiz, de quien transcribimos este poema al Duque de Alcudia:

Héroe grande, ilustre y generoso
A vuestros pies se acoge el agitado
Aliento femenil, que fervoroso
Teme verse abatido y despreciado.
A un noble, a un caballero, a un poderoso,
Es a quien llega, y en tan fiel sagrado
No juzga se le trate con agravio
Mal pagando la fe de su leal labio.

El árbol tan frondoso que os produce
Sea, Señor, el asilo a mi desgracia;
A su sombra mi afán hoy me conduce

Con total esperanza de la gracia,
Y pues en vuestro pecho tanto luce
Del honor la atención y la eficacia,
No el desprecio produzca nueva herida
A quien hoy busca en vos sosiego y vida.

MARGARITA HICKEY, de padres irlandeses, que nació en Barcelona pero vivió siempre en Madrid. Se casó muy joven con don Juan Antonio de Aguirre, de avanzada edad; tal vez esta circunstancia le hiciera escribir poemas como este:

Que el verdadero sabio, donde quiera
Que la verdad y la razón encuentre,
Allí sabe tomarla, y la aprovecha
Sin nimio detenerse en quién la ofrece.
Porque ignorar no puede, si es que sabe,
Que el alma, como espíritu, carece
De sexo, y por su puro ser y esencia,
De sus defectos consiguientemente.
... ...
Pues cada día, instantes y momentos,
Vemos aventajarse las mujeres
En las artes y ciencias a los hombres,
Si con aplicación su estudio emprenden.

Que si bastara para ser sabidos,
Para mejores ser inteligentes
El ser hombres no más en la figura,
En el género sólo y no en la especie,
No padeciera tanto el trato humano
Como infeliz y mísero padece
Con la ignorancia, necedad, torpeza,
De tanto limitado que le ofende.

Muchos versos de Margarita eran acerbos retratos del sexo opuesto. Soñadora a pesar de todo, definió el amor de forma magistral en este bellísimo soneto:

SONETO DEFINIENDO EL AMOR
O SUS CONTRARIEDADES

Borrasca disfrazada en la bonanza;
engañoso deleite de un sentido;
dulzura amarga; daño apetecido;
alterada quietud; vana esperanza.

Desapacible paz; desconfianza;
desazonado gozo, mal sufrido;
esclava libertad; triunfo abatido;
simulada traición; fácil mudanza

Perenne manantial de sentimientos;
efímera aprehensión, que experimenta
dolorosas delicias y escarmientos.

Azarosa fortuna; cruel, violenta
zozobra; sinsabor; desabrimientos;
risa en la playa, y en el mar, tormenta.

Y por último, **MARIA GERTRUDIS HORE**, nacida en
Cádiz también de padres irlandeses. Según nos cuenta
Serrano y Sanz, fue poetisa muy celebrada por su belleza
y talento, mereciendo que sus contemporáneos le dieran
el calificativo de *Hija del Sol, a causa de las muchas per-
fecciones que en ella resplandecían.* Por alguna razón no
conocida, estando casada con don Esteban Fleming deci-
dió tomar el hábito de religiosa en el convento de Santa
María, marchándose él poco después al Nuevo Continente.
En noviembre de 1795 firma el siguiente poema:

Oye, Filena mía,
Porque en tus años tiernos
Tengas el desengaño
Antes que el escarmiento:

Ese todo que ahora
Te llena de embeleso
Y en cada parte suya
Te ofrece un placer nuevo;
Ese conjunto alegre
De músicos conciertos,
De danzas, de teatros,
Festines y paseos,
Al pasar cada uno,
Oye que va diciendo:
Nada en el mundo dura,
Todo lo acaba el tiempo...

Siglo XIX

Carolina Coronado

AROLINA CORONADO nace en Almendralejo (Badajoz) el día 12 de diciembre de 1820, fecha definitiva que Antonio Porpetta acredita ante las
diferentes versiones de otros autores en su obra *Carolina
Coronado: Apunte biográfico y Antología* (Ediciones
Torremozas, Madrid, 1983). Hay que situarla en la España
del Romanticismo, donde ella brilla con luz propia no sólo
por su poesía, sino por su mágico entorno vital. Carolina
adquiere una esmerada educación, propia de una familia
acomodada. Ama la naturaleza y los animales, toca el
piano y el arpa. Escribe desde los cuatro años y es en 1839
cuando se publica su primer poema en el periódico
El Piloto, de Madrid.

Se trata, sin duda, de una personalidad excepcional,
cuyo magnetismo y resplandor se ven acechados, durante
toda su vida, por dramáticas premoniciones y cercanas
muertes.

Hemos de considerar a Carolina como mujer valiente
y adelantada para su época. Cuando se desata en su co-

razón la tempestad del amor, ella canta con imágenes transparentes, llenas de frescura y sensualidad: en el *Libro de Alberto* nos muestra la profunda armonía del sentimiento que la inunda. Sin embargo, es en la poesía mística donde Carolina nos da su voz definitoria, su impronta personal humanísima, su cualidad y calidad espiritual, haciéndonos partícipes en ella del milagro de su encendida palabra, dentro de un plano intelectual de pensamiento y reflexión, que la sitúa a la altura de Santa Teresa y San Juan de la Cruz.

Carolina participó activamente en la vida literaria y social de su época, siendo figura destacada de tertulias y fiestas donde lucía, además de su inteligencia, su belleza. Publicó también novelas y un ensayo, muy interesante, sobre *Safo y Santa Teresa*.

En 1873, tras la muerte de su hija, se traslada a Lisboa. En 1891 muere su esposo, que sería embalsamado y depositado *corpore insepulto* en su casa durante veinte años, bajo la mirada amorosa de Carolina. Durante la última época de su larga vida fue habitadora de la sombra, huyendo del contacto social y ajena a cualquier manifestación literaria. Murió el día 15 de enero de 1911, y fue enterrada junto a su esposo en el cementerio de Badajoz.

BIBLIOGRAFIA

POESÍA

Poesías (Prólogo de J. E. Hartzenbusch), Madrid, 1843. *Poesías de la señorita Carolina Coronado* (con la reproducción del prólogo de Hartzenbusch y un apunte biográfico de Angel Fernández de los Ríos), Madrid, 1852.

PROSA

Jarilla; La Sigea; La rueda de la desgracia; Manuscrito de un conde; Paquita; La luz del Tajo; Adoración (novelas). *El cuadro de la esperanza* (comedia). *Alfonso IV de León* (drama).

¡OH CUAL TE ADORO!
(1845)

¡Oh cuál te adoro! Con la luz del día
tu nombre invoco apasionada y triste,
y cuando el cielo en sombras se reviste
aún te llama exaltada el alma mía.

Tú eres el tiempo que mis horas guía,
tú eres la idea que a mi mente asiste,
porque en ti se concentra cuanto existe,
mi pasión, mi esperanza, mi poesía.

No hay canto que igualar pueda a tu acento
cuando tu amor me cuentas y deliras
revelando la fe de tu contento;

tiemblo a tu voz y tiemblo si me miras,
y quisiera exhalar mi último aliento
abrasada en el aire que respiras.

(De *El libro de Alberto*)

EL AMOR DE LOS AMORES

I

¿Cómo te llamaré para que entiendas
que me dirijo a ti, ¡dulce amor mío!,
cuando lleguen al mundo las ofrendas
que desde oculta soledad te envío?

A ti, sin nombre para mí en la tierra,
¿cómo te llamaré con aquel nombre,
tan claro, que no pueda ningún hombre
confundirlo, al cruzar por esta sierra?

¿Cómo sabrás que enamorada vivo
siempre de ti, que me lamento sola
del Gévora que pasa fugitivo
mirando relucir ola tras ola?

Aquí estoy aguardando en una peña
a que venga el que adora el alma mía;
¿por qué no ha de venir, si es tan risueña
la gruta que formé por si venía?

¿Qué tristeza ha de haber donde hay zarzales
todos en flor, y acacias olorosas,
y cayendo en el agua blancas rosas,
y entre la espuma lirios virginales?

Y ¿por qué de mi vista has de esconderte;
por qué no has de venir si yo te llamo?
¡Porque quiero mirarte, quiero verte
y tengo que decirte que te amo!

¿Quién nos ha de mirar por estas vegas
como vengas al pie de las encinas,
si no hay más que palomas campesinas
que están también con sus amores ciegas?

Pero si quieres esperar la luna,
escondida estaré en la zarza-rosa,
y si vienes con planta cautelosa
no nos podrá sentir paloma alguna.

Y no temas si alguna se despierta,
que si te logro ver, de gozo muero,
y aunque después lo cante al mundo entero,
¿qué han de decir los vivos de una muerta?

II

Como lirio del sol descolorido
ya de tanto llorar tengo el semblante,
y cuando venga mi gallardo amante,
se pondrá al contemplarlo entristecido.

Siempre en pos de mi amor voy por la tierra
y creyendo encontrarle en las alturas,
con el naciente sol trepo a la sierra;
con la noche desciendo a las llanuras,

y hallo al hambriendo lobo en mi camino
y al toro que me mira y que me espera;
en vano grita el pobre campesino:
«No cruces por la noche la ribera.»

En la sierra de rocas erizada,
del valle entre los árboles y flores,
en la ribera sola y apartada
he esperado al amor de mis amores.

A cada instante lavo mis mejillas
del claro manantial en la corriente,
y le vuelvo a esperar más impaciente
cruzando con afán las dos orillas.

A la gruta te llaman mis amores;
mira que ya se va la primavera
y se marchitan las lozanas flores
que traje para ti de la ribera.

Si estás entre las zarzas escondido
y por verme llorar no me respondes,
ya sabes que he llorado y he gemido,
y yo no sé, mi amor, por qué te escondes.

Tú pensarás, tal vez, que desdeñosa
por no enlazar mi mano con tu mano
huiré, si te me acercas, por el llano
y a los pastores llamaré medrosa.

Pero te engañas, porque yo te quiero
con delirio tan ciego y tan ardiente,
que un beso te iba a dar sobre la frente
cuando me dieras el adiós postrero.

III

Dejaba apenas la inocente cuna
cuando una hermosa noche en la pradera
los juegos suspendí por ver la luna
y en sus rayos te vi, la vez primera,

Otra tarde después, cruzando el monte,
vi venir la tormenta de repente,
y por segunda vez, más vivamente
alumbró tu mirada el horizonte.

Quise luego embarcarme por el río
y hallé que el son del agua que gemía
como la luz, mi corazón hería
y dejaba temblando el pecho mío.

Me acordé de la luna y la centella
y entonces conocí que eran iguales
lo que sentí escuchando a los raudales,
lo que sentí mirando a la luz bella.

Vago, sin forma, sin color, sin nombre,
espíritu de luz y agua formado,
tú de mi corazón eras amado
sin recordar en tu figura al hombre.

Angel eres, tal vez, a quien no veo
ni lograré, jamás, ver en la tierra,
pero sin verte en tu existencia creo,
y en adorarte mi placer se encierra.

Por eso entre los vientos bramadores
salgo a cantar por el desierto valle,
pues aunque en el desierto no te halle,
ya sé que escuchas mi canción de amores.

Y ¿quién sabe si al fin tu luz errante
desciende con el rayo de la luna,
y tan sola otra vez, tan sola una,
volveré a contemplar tu faz amante?

Mas, si no te he de ver, la selva dejo,
abandono por siempre estos lugares,
y peregrina voy hasta los mares
a ver si te retratas en su espejo.

IV

He venido a escuchar los amadores
por ver si entre sus ecos logro oírte,
porque te quiero hablar para decirte
que eres siempre el amor de mis amores.

Tú ya sabes, mi bien, que yo te adoro
desde que tienen vida mis entrañas,
y vertiendo por ti mares de lloro
me cansé de esperarte en las montañas.

La gruta que formé para el estío
la arrebató la ráfaga de octubre.
¿Qué he de hacer allí sola al pie del río
que todo el valle con sus aguas cubre?

Y ¡oh Dios!, quién sabe si de ti me alejo
conforme el valle solitario huyo,
si no suena jamás un eco tuyo
ni brilla de tus ojos un reflejo.

Por la tierra, ¡ay de mí!, desconocida,
como el Gévora, acaso, arrebatada,
dejo mi bosque y a la mar airada
a impulso de este amor corro atrevida.

Mas si te encuentro a orillas de los mares
cesaron para siempre mis temores,
porque puedo decirte en mis cantares
que tú eres el amor de mis amores.

V

Aquí tu barca está sobre la arena:
desierta mira la extensión marina,
te llamo sin cesar con tu bocina
y no pareces a calmar mi pena.

Aquí estoy en la barca triste y sola
aguardando a mi amado noche y día;
llega a mis pies la espuma de la ola,
y huye otra vez, cual la esperanza mía.

¡Blanca y ligera espuma transparente,
ilusión, esperanza, desvarío,
como hielas mis pies con tu rocío
el desencanto hiela nuestra mente!

Tampoco es el mar adonde él mora,
ni en la tierra ni el mar mi amor existe:
¡Ay!, dime si en la tierra te escondiste
o si dentro del mar estás ahora

Porque es mucho dolor que siempre ignores
que yo te quiero ver, que yo te llamo
sólo para decirte que te amo,
que eres siempre el amor de mis amores.

VI

Pero te llamo yo ¡dulce amor mío!
como si fueras tú mortal viviente,
cuando sólo eres luz, eres ambiente,
eres aroma, eres vapor de río.

Eres la sombra de la nube errante,
eres el son del árbol que se mueve,
y aunque a adorarte el corazón se atreve,
tú sólo en la ilusión eres mi amante.

Hoy me engañas también como otras veces;
tú eres la imagen que el delirio crea,
fantasma del vapor que me rodea,
que con el fuego de mi aliento creces.

Mi amor, el tierno amor por el que lloro
eres tan sólo tú, ¡señor Dios mío!
Si te busco y te llamo, es desvarío
de lo mucho que sufro y que te adoro.

Yo nunca te veré, porque no tienes
ser humano, ni forma, ni presencia:
yo siempre te amaré, porque en esencia
a el alma mía como amante vienes.

Nunca en tu frente sellará mi boca
el beso que al ambiente le regalo;
siempre el suspiro que a tu amor exhalo
vendrá a quebrarse en la insensible roca.

Pero cansada de penar la vida,
cuando se apague el fuego del sentido,
por el amor tan puro que he tenido
tú me darás la gloria prometida.

Y entonces al ceñir la eterna palma
que ciñen tus esposas en el cielo,
el beso celestial, que darte anhelo,
llena de gloria te dará mi alma.

UNA CORONA NO, DADME UNA RAMA (*)

Una corona, no, dadme una rama
de la adelfa del Gévora querido,
y mi genio, si hay genio, habrá obtenido
un galardón más grato que la fama.

No importa al porvenir cómo se llama
la que el mundo decís que *dio al olvido;*
de mi patria en el alma está escondido
ese nombre, que aún vive, sufre y ama.

Os oigo desde aquí, desde aquí os veo,
y de vosotros hablo con las olas,
que me dicen con lenguas españolas

vuestro afán, vuestra fe, vuestro deseo,
y siento que mi espíritu es más fuerte
en esta vida que os parece muerte.

(*) Contestación de C. C. a la propuesta de la Diputación de Badajoz, en 1889, para ser coronada como poetisa en un homenaje (N. de la A.).

Gertrudis Gómez de Avellaneda

ERTRUDIS GOMEZ DE AVELLANEDA nació el 23 de marzo de 1814 en Camagüey, Cuba. Su padre, Manuel Gómez de Avellaneda, sevillano; su madre, Francisca de Arteaga y Betancourt, criolla, descendiente de una de las familias más ricas de la isla, con grandes propiedades de tierras y esclavos. Desde niña residió en España, donde publicó sus primeros poemas, compartiendo elogios y amistad con Zorrilla, Espronceda, Bretón de los Herreros, etc.

Nos apasiona desde el primer momento la fuerte personalidad de la *divina Tula* (así la llamaban), cuya franqueza y decidido carácter quiebran el tenue cristal de los más puros románticos. Mujer apasionada y vitalista, insistentemente reclamada por el amor al que se entrega con un deseo pleno de búsqueda, Ella, amante impetuosa, plena de una libertad que no duda en romper compromisos matrimoniales, se torna en agua mansa en los brazos-dique de Ignacio de Cepeda. Este amor queda al descubierto en una larga correspondencia que duraría años y que se ha publicado íntegramente. Gertrudis e Ignacio se conocieron en 1830 en Sevilla, y dejaron de escribirse en 1854, año en el que Ignacio se casó con otra. Durante este tiempo, en la vida de Gertrudis se suceden penosas situaciones: espera un hijo del poeta Tassara, que la abandona; nace una niña, fallecida a los siete meses. Se casa con Pedro Sabater y queda viuda a los tres meses de su boda. Por último, contrae matrimonio con el coronel de artillería Verdugo.

Podemos seguir la vida y sentimientos de la Avellaneda a través de su poesía, casi toda autobiográfica. Esta vehemente mujer pagará un alto precio por huir del molde femenino, por romper el *encorsetado* pudor de la época. Ella, hermosamente tendida hacia el amor, siempre sincera, apuesta valientemente, a doble o nada, y no quiere, no desea aceptar la derrota final e implacable de la soledad.

Conoció los éxitos literarios. Presentó su candidatura para la Real Academia, que fue rechazada.

Murió en Madrid, en la calle Ferraz, número 2, el 1.º de febrero de 1873.

BIBLIOGRAFIA

POESÍA

La Cruz; A la Ascensión; A él; Los Reales sitios; La noche del insomnio; Juventud; Ley es amar; Amor y orgullo; Paseo por el Betis; A Dios.

TEATRO

Alfonso Munio; El príncipe de Viana; Egilona; Saúl; Recaredo; Baltasar; Hortensia; Errores del corazón; La hija de las flores; La hija del rey René; La sonámbula; La verdad vence; Simpatía y antipatía.

NOVELA

Dos mujeres; Sab; Espatolino y Guatimtzín.

AMOR Y ORGULLO

Un tiempo, hollaba por alfombra rosas
y nobles vates, de mentidas diosas
prodigábanme nombres;
mas yo, altanera, con orgullo vano,
cual águila real a vil gusano
contemplaba a los hombres.

Mi pensamiento —en temerario vuelo—
ardiente osaba demandar al cielo
objeto de mis amores;
y, si a la tierra con desdén volvía
triste mirada, mi soberbia impía
marchitaba sus flores.

Tal vez por un momento, caprichosa,
entre ellas revolé cual mariposa,
sin fijarme en ninguna;
pues de místico bien siempre anhelante,
clamaba en vano, como tierno infante
quiere abrazar la luna.

Hoy, despeñada de la excelsa cumbre
do osé mirar del sol la ardiente lumbre
que fascinó mis ojos,
cual hoja seca al raudo torbellino,
cedo al poder del áspero destino...
¡Me entrego a sus antojos!

Cobarde corazón, que el nudo estrecho
gimiendo sufres, dime: ¿qué se ha hecho
tu presunción altiva?
¿Qué mágico poder, en tal bajeza
trocando ya tu indómita fiereza,
de libertad te priva?

¡Mísero esclavo de tirano dueño,
tu gloria fue cual mentiroso sueño,
que con las sombras huye!
Di, ¿qué se hicieron ilusiones tantas
de necia vanidad, débiles plantas
que el aquilón destruye?

En hora infausta a mi feliz reposo,
no dijiste soberbio y orgulloso:
«¿Quién domará mi brío?
¡Con mi solo poder haré, si quiero,
mudar de rumbo al céfiro ligero
y arder al mármol frío!»

¡Funesta ceguedad! ¡Delirio insano!,
te gritó la razón... Mas, ¡cuán en vano
te advirtió tu locura!
Tú mismo te forjaste la cadena,
que a servidumbre eterna te condena,
y a duelo y amargura.

Los lazos caprichosos que otros días
—por pasatiempo— a tu placer tejías,
fueron de seda y oro;
los que ahora rinden tu valor primero
son eslabones de pesado acero,
templados con tu lloro.
¿Qué esperaste, ¡ay de ti!, de un pecho helado
de inmenso orgullo y presunción hinchado,
de víboras nutrido?
Tú —que anhelabas tan sublime objeto—,
¿cómo al capricho de un mortal sujeto
te arrastras abatido?

¿Con qué velo tu amor cubrió mis ojos,
que por flores tomé duros abrojos,
y por oro la arcilla?...
¡Del torpe engaño mis rivales ríen,
y mis amantes, ¡ay!, tal vez se engríen
del yugo que me humilla!

¿Y tú lo sufres, corazón cobarde?
¿Y de tu servidumbre haciendo alarde
quieres ver en mi frente
el sello del amor que te devora?...
¡Ah! Velo, pues, y búrlese en buen hora
de mi baldón la gente.

¡Salga del pecho —requemando el labio—
el caro nombre, de mi orgullo agravio,
de mi dolor sustento!
¿Escrito no le ves en las estrellas
y en la luna apacible, que con ellas
alumbra el firmamento?

¿No le oyes de las auras el murmullo?
¿No le pronuncia —en gemidor arrullo—
la tórtola amorosa?

¿No resuena en los árboles, que el viento
halaga con pausado movimiento
en esa selva hojosa?

De aquella fuente entre las claras linfas,
¿no le articulan invisibles ninfas
con eco lisonjero?
¿Por qué callar el nombre que te inflama,
si aun el silencio tiene voz, que aclama
ese nombre que quiero?

Nombre que un alma lleva por despojo,
nombre que excita con placer enojo,
y con ira ternura;
nombre más dulce que el primer cariño
de joven madre al inocente niño,
copia de su hermosura;

y más amargo que el adiós postrero
que al suelo damos, donde el sol primero
alumbró nuestra vida,
nombre que halaga y halagando mata;
nombre que hiere —como sierpe ingrata—
al pecho que le anida.

¡No, no lo envíes, corazón, al labio!
¡Guarda tu lengua con silencio sabio!
¡Guarda, guarda tu mengua!
¡Callad también vosotras, auras, fuente,
trémulas hojas, tórtola doliente,
como calla mi lengua!

Rosalía de Castro

ROSALIA: la tristura. El grito herido. Sugeridora y realista. Amplia y fecunda. Su destino quedó marcado para la poesía el 24 de febrero de 1837, fecha de su nacimiento en Santiago de Compostela, inscrita como *hija de padres incógnitos*, que fueron M.ª Teresa de la Cruz de Castro y Abadía y José Martínez Viojo, que más tarde sería capellán de Iria.

Rosalía desde sus poemas toma la antorcha del sentir gallego y muy especialmente de la ternura, la voz doliente, la queja de la mujer abandonada a su melancólica soledad, a la dura espera del emigrante y al dolor de su propia tierra. No le es difícil a la poetisa, poseedora de una gran sensibilidad, roturar y dar forma a estos sentimientos, alimentados desde su dramática niñez dentro del ilegal entorno familiar. Se casa con don Manuel M. Murguía y de su mano atraviesa *el pórtico de su gloria*. Manuel, con amoroso empeño, fue quien dio a conocer e impulsó su obra.

En su poesía amorosa canta al amor desde el ángulo

de la desesperanza. El amor para Rosalía es una ilusión
que se desvanece y que ella acepta con pragmática resig-
nación. Vida, sueños, esperanza y desengaños, revestidos
con la melancolía de su lengua gallega, nos hacen tomar
conciencia de la magia de su palabra.

El 15 de julio de 1885 llega como *negra sombra* la
muerte a Iria, pero no nos arrebata su voz luminosa y
cautivadora, llena de cadencias y de misterio, sino que la
proyecta, aún más, como símbolo y estandarte de su dolida tierra, universalizándola.

BIBLIOGRAFIA

POESÍA

La *flor* (1857); *A mi madre* (1863); *Cantares gallegos* (1872);
Follas novas (1880); *En las orillas del Sar* (1884).

PROSA

La *hija del mar* (1859); *Flavio* (1861); *Ruinas* (1866); *El caballero de las botas azules* (1867); *El primer loco; Padrón y las
inundaciones; Costumbres gallegas; El Domingo de Ramos*
(1881).

CUANDO PIENSO QUE TE HUYES

Cuando pienso que te huyes,
negra sombra que me asombras,
al pie de mis cabezales,
tornas haciéndome mofa.

Si imagino que te has ido,
en el mismo sol te asomas,
y eres la estrella que brilla
y eres el viento que sopla.

Si cantan, tú eres quien cantas;
si lloran, tú eres quien llora;
y eres murmullo del río
y eres la noche y la aurora.

En todo estás y eres todo,
para mí en mí misma moras,
nunca me abandonarás,
sombra que siempre me ensombras.

(De *Follas novas*)

¡SILENCIO!

Febril la mano y palpitante el seno,
las nieblas en mis ojos condensadas,
en un mundo de dudas los sentidos,
y un mundo de tormento en las entrañas,
sintiendo cómo luchan
en sin igual batalla
inmortales deseos que atormentan
y rencores que matan,
en propia sangre mojo dura pluma
la vena hendiendo hinchada,
y escribo..., escribo..., ¿para qué? ¡Volved
a lo hondo del alma,
procelosas imágenes!
¡Id a morar con muertas remembranzas!
Trémula mano en papel sólo escriba
palabras, y palabras, y palabras.
De la idea, la forma inmaculada
¿dónde quedó velada?

(De *Follas novas*)

EXTRANJERA EN SU PATRIA

En la ya vieja baranda
tapizada de hiedras y de lirios
fuese a sentar callada y tristemente
frente al templo antiguo.

Interminable procesión de muertos,
unos en carne, otros en espíritu,
vio poco a poco aparecer arriba
del derecho camino,
que monótono y blanco relumbraba
igual que un lienzo en el herbal tendido.

Contempló cuál pasaban y pasaban
corriendo a lo infinito
sin que al fijar en ella
los ojos apagados y sumidos
dieran señal ni muestra
de haberla en algún tiempo conocido.

Unos eran amantes de otros días,
deudos eran los más, otros amigos,
compañeros de infancia,
sirvientes y vecinos.

Mas pasando y pasando ante sus ojos
fueron aquellos muertos prosiguiendo

la indiferente marcha
camino al infinito
mientras cerraba la callada noche
sus lutos, ¡ay!, tristísimos
en torno de la extranjera en su patria
que, sin lar ni arrimo,
sentada en la baranda contemplaba
cuál brillaban los fuegos fugitivos.

(De *Follas novas*)

EN LOS ECOS DEL ORGANO O EN EL RUMOR DEL VIENTO

I

En los ecos del órgano o en el rumor del viento,
en el fulgor de un astro o en la gota de lluvia,
te adivinaba en todo y en todo te buscaba,
    sin encontrarte nunca.

Quizás después te ha hallado, te ha hallado y te ha
otra vez, de la vida en la batalla ruda,   [perdido
ya que sigue buscándote y te adivina en todo,
    sin encontrarte nunca.

Pero sabe que existes y no eres vano sueño,
hermosura sin nombre, pero perfecta y única;
por eso vive triste, porque te busca siempre
    sin encontrarte nunca.

II

Yo no sé lo que busco eternamente
en la tierra, en el aire y en el cielo;
yo no sé lo que busco, pero es algo
que perdí no sé cuándo y que no encuentro,
aun cuando sueñe que invisible habita
en todo cuanto toco y cuanto veo.

Felicidad, no he de volver a hallarte
en la tierra, en el aire ni en el cielo,
¡aun cuando sé que existes
y no eres vano sueño!

(De *En las orillas del Sar*)

Siglo XX

1901 a 1920

(Las décadas del silencio)

NOS encontramos, lamentablemente, ante una laguna en la historia de la poesía española: no nos ha sido posible localizar, al menos con los medios a nuestro alcance, ni una sola poetisa significativa que publicara un primer libro entre el largo período de 1901 a 1920. Hay algunas voces, pero sus nombres se diluyen en el tiempo y sus aportaciones carecen de relevancia. Sí abundan, en cambio, las grandes novelistas que alternaban su obra con algunas composiciones poéticas, entre las que destacan Concha Espina, Emilia Pardo Bazán, Sofía Casanova y Carmen de Burgos, «Colombine».

En una antología titulada *Safo en Castilla,* que E. Vázquez de Aldana publicó en 1953, y en la que se recogen cerca de doscientas poetisas, hay algunas que entran dentro de este período, lo que demuestra que la sensibilidad poética femenina no deja de estar vigente durante el mismo; pero, con las excepciones citadas y algunas más, nuestras mujeres de principios de siglo carecen, al parecer, de un horizonte definido y, desde luego, del apoyo necesario para sacar a la luz sus publicaciones. Recordemos, en este sentido, algunas frases de hombres célebres preocupados por la situación de la mujer de su tiempo:

El espíritu de las mujeres no tiene ventanas por las cuales pueda asomarse a la vida; no se cultiva su inteligencia, no se emplea su mente en estudios... (José Francos Rodríguez, 1862/1931).

... Si son ángeles deben volar y no vivir encerradas como odaliscas. Son la mitad del género humano y deben contribuir por mitad a la realización de nuestro destino (Armando Palacio Valdés, 1853/1938).

... Y este derecho a perfeccionarse y a vivir plenamente, que hace ya mucho tiempo nadie discute a ningún hombre, es precisamente lo que se reclama para la mujer (Gregorio Martínez Sierra, 1881/1948).

Como contraste ante este panorama poético español durante estas dos décadas, es precisamente en ese período cuando publican sus primeros libros y otros títulos importantes las grandes y míticas poetisas hispanoamericanas:

DELMIRA AGUSTINI: *El libro blanco* (1909); *Cantos a la mañana* (1910); *Los cálices vacíos* (1913); *El Rosario de Eros* (1914).

GABRIELA MISTRAL: *Sonetos de la muerte* (1915).
ALFONSINA STORNI: *La inquietud del rosal* (1916); *El dulce daño* (1918); *Irremediablemente* (1919).

JUANA DE IBARBOUROU: *Lenguas de diamante* (1919).

Debemos confesar nuestra gran admiración y cariño por estas poetisas, y muy especialmente por Juana (primera voz que descubrí en mi niñez a través de la primera edición del libro citado, que por desgracia perdí después). Como homenaje personal a esta figura y a toda la valiosísima poesía femenina hispanoamericana, incluyo aquí su poema:

VIDA-GARFIO

Amante: no me lleves, si muero, al camposanto.
A flor de tierra abre mi fosa, junto al riente
Alboroto divino de alguna pajarera
O junto a la encantada charla de alguna fuente.

A flor de tierra, amante. Casi sobre la tierra
Donde el sol me caliente los huesos, y mis ojos,
Alargados en tallos, suban a ver de nuevo
La lámpara salvaje de los ocasos rojos.

A flor de tierra, amante. Que el tránsito así sea
        Más breve. Yo presiento
La lucha de mi carne por volver hacia arriba,
Por sentir en sus átomos la frescura del viento.

Yo sé que acaso nunca allá abajo mis manos
        Podrán estarse quietas.
Que siempre como topos arañarán la tierra
En medio de las sombras estrujadas y prietas.

Arrójame semillas. Yo quiero que se enraicen
En la greda amarilla de mis huesos menguados.
¡Por la parda escalera de las raíces vivas
Yo subiré a mirarte en los lirios morados!

1921 a 1930

ERNESTINA DE CHAMPOURCIN
CARMEN CONDE

Ernestina de Champourcín

ECIR ERNESTINA es decir *exilio*. Si se pudiera definir todo el dolor y la desolación de ese triste desgajamiento en cuatro versos yo tomaría de su libro publicado en Adonais en 1978, *Primer exilio*, los siguientes:

> *los que ahora vivimos*
> *o queremos vivir*
> *todos juntos un día*
> *sin mar que nos separe*

Pero no es suficiente: tenemos que profundizar en su obra, bucear en ese duro aprendizaje de empezar a vivir lejos de todo lo querido. La densidad poética y la gran profundidad humanística, madurada y enriquecida al calor de la palabra hermana, hacen de su poesía un camino fácil hacia ese trizado mundo del destierro, *hacia ese trueque incesante de orillas confundidas*, que dijo Juan Ramón Jiménez.

Nace Ernestina de Champourcin en Vitoria, pero su infancia y juventud transcurren en Madrid, ciudad en la que estudia Bachillerato e Idiomas. Su primer libro *En silencio*, se publica en 1926 y es muy comentado debido a la escasez de mujeres que por entonces publican poesía. En 1936, en plena guerra, se casa con el poeta Juan José Domenchina, partiendo ambos hacia el exilio en 1939. Durante más de treinta años de ausencia, la actividad de Ernestina no cesa. Es traductora en congresos internacionales y sus publicaciones se suceden.

Encontramos con frecuencia en la poesía de Ernestina un tono coloquial con Dios. A El como interlocutor más válido dirige muchas veces la poetisa el caudal de sus sentimientos, tomando conciencia de sí misma y de sus circunstancias vitales:

> *Van pasando los días: tú sabes los que quedan.*
> *Si cuajaste la luz de barro de mi otoño*
> *sé que fue para algo, por algo...*

Por algo. Para algo vive, lucha, escribe aportando a nuestro panorama literario una obra honesta y clara. Es la única mujer representativa de la generación del 27.

Muerto Domenchina en 1959, regresa definitivamente a España en 1972, y aquí continua su actividad creadora.

BIBLIOGRAFIA

POESÍA

En silencio (1926); *Ahora* (1928); *La voz en el viento* (1931); *Cántico inútil* (1936); *Presencia a oscuras* (1952); *El nombre que me diste* (1960); *Cárcel de los sentidos* (1964); *Cartas cerradas* (1968); *Hai-Kais espirituales* (1968); *Poemas del ser y del estar* (1972); *Primer exilio* (1978); *La pared transparente* (1984).

PROSA

La casa de enfrente (1936); *La ardilla y la rosa* (Juan Ramón Jiménez en mi memoria) (1981).

SOLEDADES

Todas las soledades —grises víboras— muerden
la duda que taladra mis sienes abatidas.
Nadie finge camino en torno de mis plantas
que repliegan, medrosas, su impulso derrotado.

¡Soledad de mi frente! Un residuo de sueños
la empolva de ceniza.
—¡Qué siniestra bandada de ideas en delirio
entrega al huracán su pálido plumaje!—.

¡Soledad de mis ojos! Superfluas avideces
de un mirar que resbala en la inercia del cielo.
¿Para qué mis pupilas y su afán de belleza
si no existe el remanso que podría abrevarlas?

¡Soledad de mis labios! Escondida zozobra
de los besos en flor que no abrasa el estío,
nostalgia de capullo condenado a vivir
su eterna adolescencia.

¡Soledad de mis manos! Inefable tortura
del gesto que se duerme en trance de caricia.
¿Para qué la ansiedad que entreabre mis palmas
si adhieren a su curva inútiles vacíos?

Soledades que cercan con límites de hierro
la expansión luminosa y frágil de mi vida...
¡Rompe tú las amarras que me retienen, muda,
en el hueco sombrío de mi rincón doliente!

(De *Cántico inútil*)

TERTULIA SIN TIEMPO

Hablamos lentamente,
a gusto —no hay palabras—
sintiéndonos pensar
con los labios inmóviles
lejos de los sonidos
—no hay voces estridentes—
no hay tampoco susurros
que quieran ocultarse.

Tertulia para tres:
el que ha quedado fuera
no tiene soledad
y una corriente fluye
con frescura de río
entre la cima aguda
y la raíz del chopo.

Diálogo profundo,
soterraño, entrañable,
que gotea y desgrana
de un corazón a otro
porque todo es profundo
y la luz está dentro
cuajada en realidad.

Decimos y callamos.
Es un nuevo entenderse,
un reino de lo exacto
que ha borrado las dudas;
lo que había de ser
ya es. Hay para siempre

una sola presencia
en la que estamos todos.

Tertulia clara, limpia
sin humo que se corta
sin café necesario
que atice la protesta.

Cuando tres se reúnen
sonríen tres en uno
y el mundo se nos colma
de amor y de universos.

Hubo días aciagos
de soledad sin límites
y noches en que el cuerpo
se hería en cada esquina.
Todo pasó. Amanece
y ya no es necesario
escribir en la arena.

¡De pronto somos cuatro! (*)

Matemáticas puras
sin errores que turben
el apacible acuerdo.
¿Vinisteis o fui yo?
¡Derribadas barreras!
Hay un ancho paisaje
que protege el coloquio.
¡Abiertas perspectivas!

Entendimiento pleno
porque ya no hay palabras.

(De *Primer exilio*)

(*) JUAN RAMÓN JIMÉNEZ: *Eternidades.*

PALABRA ESCRITA

¿Son paredes las páginas
mientras no las escribes?
Vas viviendo una extraña
confusión de blancuras:
blancor espeso y duro
de la pared sin grietas,
blancura del papel
tan dócil a los signos.

Ya es hora de decir,
hora de que los sones
atraviesen las puertas
y las gentes aprendan
a escuchar las campanas.

Página, papel, pared, blancura.
Tacto blando e impasible,
y entre esas dudas blancas
se resuelve el problema
del mensaje perdido.

(De *La pared transparente*)

Carmen Conde

C ARMEN, según el Diccionario de la Real Academia Española —Institución de la que ella ha sido merecedora del sillón K mayúscula, ocupado por primera vez en la historia por una mujer—, significa «Verso o composición». Lleva, pues, la predestinación en su nombre. Y en Granada, «quinta con huerto o jardín», es decir, sitio recoleto, agradable, en donde nacen y se ofrecen flores y frutos y *hay un olor a madre que enamora*. También predestinación en este sentido, porque desde la tierra fértil de su enamorada palabra ha sabido darnos lo mejor de sí misma, dejar la huella de su ejemplo, de lo que debe ser una mujer dedicada por amor a la literatura.

Carmen Conde nació en Cartagena (Murcia) el 15 de agosto de 1907, vivió algunos años en Melilla y en 1939 se traslada definitivamente a Madrid. En 1931 contrajo matrimonio con el poeta Antonio Oliver Belmás, circunstancia que contribuyó eficazmente a su vocación literaria, ya iniciada con éxito años atrás.

Nada podemos decir de Carmen que no se sepa, pero me parece oportuno transcribir aquí un trozo de la presentación que de su libro *Brocal y poemas a María,* cuya edición y estudio ha sido preparada por la Dra. Rosario Hiriart (Biblioteca Nueva, 1985), hizo el escritor Antonio Porpetta en la Biblioteca Nacional el día 11 de noviembre de 1984:

«Desde 1929, en que una muchacha no sólo ilusionada, como casi todas las muchachas, sino plenamente consciente de su destino poético, sabiendo lo que quería alcanzar y con la absoluta seguridad de que lo alcanzaría; desde que esa muchacha entregó al viento y a la luz su primer libro, *Brocal,* han transcurrido cincuenta y cinco años. Una larga maduración, un lento, dolorido y alegre caminar entre alondras y alimañas, entre lluvias de llanto y soles como ascuas, entre hermosas melodías y broncos manantiales de silencio. Una vida entera, como un río.

Brocal fue el comienzo, el primer chispazo puro y apasionado, de una obra y de un quehacer poético que perdurarán para siempre en el ámbito de nuestra poesía. Una obra lentamente tallada a golpes de amor y de dolor, paso a paso, con la limpia firmeza de quien se sabe cumplidor de un designio. Pero todo tiene su compensación. Y así como el siglo XIX dio para la poesía femenina española tres figuras fundamentales: Carolina Coronado, Gertrudis Gómez de Avellaneda y Rosalía de Castro, el siglo XX, ya relativamente cercana su terminación, nos ha dado una de categoría excepcional: Carmen Conde, indiscutiblemente la de mayor altura en el panorama de nuestra poesía escrita por mujeres».

Aparte de su trabajo de creación, queremos dejar constancia aquí de su gran labor de divulgación de nuestras poetisas, pues ha publicado varias Antologías y tendido su mano a muchas de ellas, así como de su especial atención al mundo de los niños.

Por ser tan extensa la obra de Carmen Conde, en la

que abundan la novela, el ensayo, el cuento, etc., nos limitaremos a reseñar solamente sus publicaciones poéticas.

BIBLIOGRAFIA

PROSA POÉTICA

Brocal (1929); *Júbilos* (1934); *Sostenido ensueño* (1938); *El arcángel* (1939); *Mío* (1941); *Mientras los hombres mueren* (1953); *Empezando la vida* (1955).

POESÍA

Pasión del verbo (1944); *Honda memoria de mí* (1944); *Ansia de la gracia* (1945); *Mi fin en el viento* (1947); *Sea la luz* (1947); *Mujer sin edén* (1947); *Iluminada tierra* (1951); *Vivientes de los siglos* (1954); *Los monólogos de la hija* (1959); *En un mundo de fugitivos* (1960); *Derribado arcángel* (1960); *En la tierra de nadie* (1960); *Poemas del Mar Menor* (1962); *Su voz le doy a la noche* (1962); *Devorante arcilla* (1962); *Jaguar puro inmarchito* (1963); *Enajenado mirar* (1964); *Humanas escrituras* (1966); *A este lado de la eternidad* (1970); *Corrosión* (1971); *Cita con la vida* (1976); *Días por la tierra* (1977); *El tiempo es un río lentísimo de fuego* (1978); *La noche oscura del cuerpo* (1980); *Desde nunca* (1982); *Derramen su sangre las sombras* (Torremozas, 1983); *Brocal y poemas a María* (1984); *Del obligado dolor* (1984); *Hermosos días en China* (Torremozas, 1985); *Cráter* (1985); *Memoria puesta en olvido*. Antología personal (Torremozas, 1987).

SUPLICA FINAL DE LA MUJER

Señor, ¿Tú no perdonas? Si perdonara tu olvido
ya no pariría tantos hombres con odio,
ni seguiría arando cada día más estrechas
las sendas de los trigos entre zanjas de sangre.
La fuente de mi parto no se restaña nunca.
Yo llevo las entrañas por raíces de siglos,
y ellos me las cogen, las hunden, las levantan
para tirarlas siempre a las fosas del llanto.

Señor, mi Dios, un día creí que Tú eras mío
porque bajaste a mí alumbrando mi carne
con el alma que allá, al sacarme del hombre,
metiste entre mis huesos con tu soplo de aurora.

Mas, ¿no perdonas Tú? Y no es gozo el que tuve
después del gozo inmenso en el Jardín robado.
Me sigues en la tierra, retorciendo mis pechos
con labios de criaturas, con dientes demoníacos.
No hay lecho que me guarde, ¡ni de tierra siquiera!
Los muertos me sepultan, y obligada a vivir
aparto sus plomadas y vuelvo a dar la vida.

¡Oh tu castigo eterno, tu maldición perenne:
brotar y aniquilarme lo que brotó a la fuerza,
porque un día yo quise que el hombre por Ti hecho
repitiera en mi cuerpo su estatua, tu Figura!

¿Sembrando he de seguir, pariéndote más hombres
para que todos maten y escupan mis entrañas
que cubren con el mundo los cielos, tus estrellas,
y hasta el manto de brisas con que Tú paseabas
por tu Jardín soñado, cuando yo era suya?

¿Por qué me visitaste, Señor? ¿Por qué tu Espíritu
entróse a mi angostura dejándome tu Hijo?
¿Por qué te lo llevaste a aquella horrible cueva
que el odio de los hombres le abriera como tumba?
¡Oh! ¿No perdonas, Dios? Pues sigue tu mirada
teniéndome presente: joven, bella e impía
delante de tus árboles, que yo ya ni recuerdo...

Pues soy vieja, Señor. ¿No escuchas cuanto lloro
cuando el hombre, dormido, me vuelca su simiente
porque Tú se lo ordenas sin piedad de mi duelo?
¿No ves mi carne seca, mi vientre desgarrado:
no escuchas que te llamo por bocas estalladas,
por los abiertos pechos de niños, de mujeres?...
¡En nada te ofendieron, sino en nacer!
Soy yo la que Tú olvidas, y a ellos los devastas;
me obligas a que siga el lúbrico mandato
de aquella bestia horrible nacida en contra mía.

Tan vieja soy y labro. Tan vieja y cubro muertos.
No estéril porque quieres que sufra mi delirio
de un solo día hermoso del que guardo el aroma.
Ni Tú, Señor, lo olvidas. Que por ello me quejo.

Soy madre de los muertos. De los que matan, madre.
Madre de Ti seré si no acabas conmigo.
Vuélveme ya de polvo. Duérmeme. Hunde toda
la espada de la llama que me echó del Edén,
abrasándome el cuerpo que te pide descanso.
¡Haz conmigo una fosa, una sola, la última,
donde quepamos todos los que aquí te clamamos!

(De *Mujer sin edén*)

LLUVIA DE MAYO

¡Cuán hermosa tú, la desvelada!
Te lleva y te moldea dulce viento
encima de jardines y de estatuas.
Tu cuerpo es el de Venus en la orilla
eternamente mar dentro del alba.

Acude siempre a mí, séme propicia.
La fiesta de las hojas en tus ramas
te rinden los esbeltos soñadores
que en movibles racimos se levantan.

No tengo ni una flor... Sólo mi tronco
aloja por frutal una campana.
Lluvia que contemplo, melancólica:
no crezcas para mí. Vivo inundada.

(De *Mi fin en el viento*)

En la tierra de nadie se levantan
las sombras como sola compañía.
Las sombras del silencio solitario...
Las sombras de tu sombra y de la mía.

Se paran y suspiran, pobres sombras
que no encuentran pared para el reposo.
Nosotros aguantamos desamparos
y ellas, como nuestras, con nosotros.

Criaturas a merced del que nos mira
pensando: ¡son un blanco peregrino!
La espalda, que no el pecho, es quien recibe
la curva trayectoria del cuchillo.

Las sombras se desangran, aferradas
al polvo cenital del gran desierto.
Los cuerpos que las llevan las levantan
e intentan acercárselas al cielo.

El cielo está cerrado casi siempre,
sellado con sus lacres de luz roja.
El suelo es lo propicio, lo que abre
sus brazos de ceniza, su gran boca.

(De *En la tierra de nadie*)

AMANTE

Es igual que reír dentro de una campana:
sin el aire, ni oírte, sin saber a qué hueles.
Con gestos vas gastando la noche de tu cuerpo,
y yo te trasparento; soy tú para la vida.

No se acaban tus ojos; son los otros los ciegos.
No te juntan a mí; nadie sabe que es tuya
esta mortal ausencia que se duerme en mi boca
cuando clama la voz en desiertos de llanto.

Brotan tiernos laureles en las frentes ajenas,
y el amor se consuela prodigando su alma.
Todo es luz y desmayo donde nacen los hijos,
y la tierra es de flor, y en la flor hay un cielo.

Solamente tú y yo (una mujer al fondo
de este cristal sin brillo que es campana caliente)
vamos considerando que la vida..., la vida
puede ser el amor, cuando el amor embriaga;
es sin duda sufrir, cuando se está dichosa;
es, segura, la luz, porque tenemos ojos.
Pero ¿reír, cantar, estremecernos libres
de desear y ser mucho más que la vida?...
No. Ya lo sé. Todo es algo que supe
y por ello, por ti, permanezco en el mundo.

(De *Iluminada tierra*)

1931 a 1940

JOSEFINA ROMO ARREGUI

SUSANA MARCH

Josefina Romo Arregui

JOSEFINA ROMO ARREGUI nació en Madrid y en su Universidad se doctoró, con premio extraordinario, en Filosofía y Letras (1944). En ella impartió clases de Literatura Universal teniendo entre sus jóvenes alumnos poetas que, años más tarde, gozarían de gran prestigio. Su labor docente la continuó en el City College de la City University de Nueva York (1960/63) y posteriormente, hasta 1979, ocupó la cátedra de Lenguas Románicas y Clásicas de la Universidad de Conneticut (USA).

Preocupada siempre por los temas literarios, fundó con Miguel Angel de Argumosa la revista *Alma*, dirigiendo también como editora «Cuadernos literarios» (1942/52) y una «Colección de poesía para bibliófilos» que fue iniciada por Carmen Conde en 1946, y al que siguieron otros muchos nombres, siempre en tiradas reducidas y lujosamente presentadas.

Una de las grandes preocupaciones en la obra de Josefina Romo Arregui es la soledad. Frente a esa soledad

115

tiene la palabra pero intuye que no sólo la muerte es la única respuesta a la soledad definitiva, sino que la vida ya es el preludio de una travesía donde nos debatimos entre soledad y silencio. Ella tiene *esa tremenda soledad de las almas inquietas*. Ella es la protagonista de su «Cántico de María Sola». Hoy su voz se nos hace memoria: recuperamos y compartimos su soledad hecha palabra en nuestro silencio interior.

Viajera incansable por Europa, Africa y América, pronunció conferencias en los más prestigiosos centros académicos y literarios. Fue Miembro del «Centro de Estudios sobre Lope de Vega»; Consejera de la «Revista Interamericana»; Asesora Literaria de la «Asociación Puertorriqueña de Escritores» y Presidente Honorario del «Ateneo Puertorriqueño» de Nueva York. Falleció el día 3 de diciembre de 1979, y está enterrada en el pequeño cementerio de Villanueva del Pardillo (Madrid).

BIBLIOGRAFIA

POESÍA

La peregrinación inmóvil (1934); *Romancero triste* (1935); *Acuarelas* (1936); *Aguafuertes y otros poemas* (1940); *Cántico de María Sola* (1950); *Isla sin tierra* (1955); *Elegías desde la orilla del triunfo* (1964); *Poemas de América* (1967); *Autoantología* (1968); *Poesía Ucónica* (1972).

PROSA

Cuentistas españoles de hoy (1944); *Vida, poesía y estilo de don Gaspar Núñez de Arce* (1946); *Gabriela Mistral, Premio Nobel* (1946); *Máscara y rostro de la poesía* (1946); *El Romanticismo en la vida de los Poetas Románticos* (1950); *Concepción Estevarena, Poetisa romántica* (1965).

CIUDAD

Por la larga soledad de las ciudades,
de las lejanas ciudades donde se pierde nuestra vida en
                                            [silencio
siento la enorme convicción de ver el espejo transparente,
que no enturbian las voces incomprensibles.
Me gusta esta inmensa ciudad extranjera, estridente y
                                            [tumultuosa,
porque arroja el rincón del ferrocarril subterráneo por
                                            [codazos incómodos,
nada me arrebata el trébol húmedo de mi recuerdo;
nadie puede compartir el olor vibrante de pleamar que
                                            [llevo conmigo
y me siento fuerte, libre, única y, por encima de todo, sola.
La jara y el cantueso me preguntan, insistentes,
que hacemos ellos y yo en medio del asfalto,
y la cigarra se duele en mi corazón,
porque no puede dejarse oír entre el estruendo mecánico.
Cigarra, tú quieres sol y yo te doy el de mi sueño,
caliente y luminoso como la tierra de las grandes estrellas
¡Oh hermosa soledad de las ciudades grises,   [claras
de las grandes ciudades absorbentes!
Yo camino su asfalto pisando la húmeda ternura,
de la hierba infantil florecida de violetas;
yo llevo un cerco de amapolas en mis sienes
mientras los motores zumban incansables;
yo voy por la ciudad

sin importarme su prisa ni su lengua extraña,
mientras las cigarras cantan en mi mediodía luminoso.
Elástica, libre, indiferente,
gloriosamente sola, porque mis labios aún tienen
el áspero, oloroso sabor del tallo de los pinos;
porque la horrenda lucha aún no ha hundido mis hombros
[jóvenes
y a cada paso que doy me parece saltar los húmedos
que bajan de las cumbres en primavera,   [regatos
y oír el suspiro del viento,
que no calla hasta que los ruiseñores orgullosos
comienzan a cantar en la soledad del bosque.
Esa soledad que he hecho mía
y no me arrebatan
las ciudades sórdidas y ruidosas, luminosas y dolientes.
La soledad de no tener nada ya,
porque lo he dado todo
al mar ancho, al viento duro, a la tierra olorosa,
al recuerdo, que me posee
como un amante ávido y poderoso.
¡Oh la pobreza millonaria de mi presente
en esta ciudad febril e inconstante que grita palabras
[extrañas
mientras yo siento en mis ojos la brisa de mis sueños!

(De *Cántico de María Sola*)

ES CON VOZ DE VIRGILIO...

*A Rubén, en el primer centenario de su
muerte.*

Sólo
yo te sembrara árboles: un bosque
decidido a ser bosque,
porque un solo árbol y un solo tú
me marcaron la vocación eterna.

Sin tiempo tu palabra define
el tiempo tuyo glauco;
de otoñal hojarasca
mi tiempo te repite.

Toro feliz en los pastos eternos,
tu verso embiste; asta de diamante
la mesnada abúlica desgarra,
y sangre viva en ríos
enrojece y fecunda.

Todo a sentencia: *pulvis eris...*
Tu voz no, al polvo no revierte,
y en cada brazo de poeta, que agitado
levanta la estrofa,
tu músculo juega.
Y tu voz resucita en la voz que negara
ese orden magnífico que al orbe pusiste.

Yo te sembrara árboles, un bosque;
bajo el pino duro y agreste, tuyo,
¿una estela de mármol?
¡No!
Para tu luz las temblorosas ramas
dicten antiguas voces:
Manibus date lilia plenis...
A manos llenas darle lirios
a sus manos de lirios llenas.

(De Poemas de América)

A *José Asunción Silva, que perdió sus
poesías en un naufragio.*

El mar, en eterno renuevo, tu verso enamorado
en su abismal secreto guarda incógnito.
Guarda el incógnito que tanto deseara
una vez conocer.
Naufragio mío, soñando tus palabras,
tus palabras ya nunca pronunciadas,
tus palabras ya nunca poseídas.
¿Olvido? No; que en las tranquilas tardes
y en la inquietante noche
se alargan en las olas
en largas olas del mar, largo infinito océano
tu verso naufragado, eterno
a las playas del mundo arriba.

(De Poemas de América)

Susana March

SUSANA MARCH nace en Barcelona, donde reside. Debido a una infancia enfermiza, recibe una educación un tanto anárquica: Comercio, Bachillerato, Idiomas, Música y Pintura. Una precoz vocación literaria le lleva a publicar en revistas y periódicos antes de cumplir los quince años; poco más tarde, siendo aún adolescente, edita su primer libro de poemas, *Rutas*.

En 1940 se casa con el novelista montañés Ricardo Fernández de la Reguera, circunstancia determinante para afianzar más su vocación dentro de un hogar amorosamente literario. Durante los difíciles años de la postguerra, para ayudar a la economía doméstica, da clases y escribe novelas puramente comerciales. De esta época es su libro *Poemas de la Plaza Real*, que queda inédito.

De sus publicaciones despiertan gran interés *Pasión desvelada* y *Ardiente voz*. De este último M. Dolç dijo: *quedará como uno de los libros poéticos femeninos más representativos*. En 1952 su libro *La tristeza* recibe un accésit del Premio Adonais.

Susana March, mujer de grandes inquietudes y viva inteligencia, ha sido traducida al francés, inglés, alemán, portugués, sueco y ruso. Desde 1963 escribe, en colaboración con su marido, los *Episodios Nacionales Contemporáneos*, de los cuales han aparecido ya once volúmenes.

Ha viajado por casi toda Europa, pertenece a la Comunidad Europea de Escritores y colabora en revistas y periódicos de España y América.

Entresaco estos dos versos de su obra:

No dejaré memoria entre la gente.
¿Susana March? ¿Quién era?

Susana March *es* y *será* una mujer que ama la vida y la palabra y que contempla su devenir poético en el espejo clarísimo de su propio destino.

BIBLIOGRAFIA

POESÍA

Rutas (1938); *La pasión desvelada* (1946); *Ardiente voz* (1948); *El viento* (1951); *La tristeza* (1953); *Antología poética* (Buenos Aires, 1957); *Esta mujer que soy* (1959); *Poemas* (1966); *Los poemas del hijo* (1970).

PROSA

Nido de vencejos (1945); *Canto rodado* (1946); *Nina* (1949); *Algo muere cada día* (1955); *Cosas que pasan* (1984).

COMPAÑEROS

«... Mal vestido y triste
voy caminando por la calle vieja».
A. MACHADO

Y yo te acompaño. Voy contigo. Hablamos.
No nos separa nada: ni distancia, ni sexos.
Vamos del brazo juntos, caminando
como dos compañeros.
A veces te detienes. Levantas la cabeza.
Miras, sin ver, el cielo.
Y es como una cascada
de luz sobre mis hombros tu silencio.
Sonríes contemplando
la inmensa soledad del campo abierto,
y dices algo hermoso
sobre el río, los álamos, el pueblo...
Vamos del brazo, juntos,
por esa calle vieja que lleva al cementerio,
mal vestidos y tristes
y sin otro destino que el de quedarnos muertos.
Hablamos dulcemente
de cosas que nos gustan y los dos entendemos.
Ni tú ni yo anhelamos los honores,
la gloria ni el dinero.
Vamos del brazo, juntos,
como dos compañeros.
Nos ve pasar la gente.
Y dicen: —«Es Antonio Machado. Un hombre bueno».
«¿Y ella, quién es?». «No importa.
Su nombre se ha olvidado con el tiempo».

(De *La tristeza*)

123

LA PASION DESVELADA

Dame tu voz antigua en cuyo acento escucho
el rumor de los bosques primitivos,
el canto misterioso de los seres selváticos,
el grito de agonía
de la primera virgen violada.
Dame tu voz antigua donde yo reconozco
mi propia voz extinguida,
aquella que cantaba hace milenios
en las frondosas selvas sin historia,
aquella que sonaba en el murmullo
de las límpidas fuentes intocadas.

Yo fui una gota de agua,
o un pájaro aturdido cruzando el aire nuevo
de la aurora del mundo;
acaso un pez de oro sobre cuyas escamas
probó el sol la dorada destreza de sus rayos.
Mas era ya la misma doliente criatura
que ahora soy, consumida de sueños y tristezas,
en el ardiente caos del Paraíso,
con los ojos abiertos al secreto de Dios.

Es tu voz el puente por donde regreso,
milenios y milenios traspasando,
a mi libre existencia de agua fresca,
de verde candidez. Mi carne gime

escuchando tu voz como si oyera
la llamada lejana y misteriosa
de las tribus sin nombre. Rituales
de sangre y fuego en el brutal nocturno,
aullidos fugitivos y, en la hierba,
mi cuerpo —¿de mujer?, ¿de reptil?, ¿de insecto?—
hollado por la bárbara dulzura
de la pasión del mundo.

(De *La pasión desvelada*)

UMBRAL

Cándidamente azul. Aún no he nacido.
Ciñe el aire mis muslos. Soy de aire.
El mar me sabe. Sal, vela y espuma,
dibujan mi contorno en el paisaje.

Me traspasa la luz. No me conozco.
Soy apenas un soplo de la tarde.
El sexo yace en paz, el alma duerme,
no tengo voz y Dios está distante.

Navego por los cielos castamente
con las alas al viento como un ángel.
Pequeña llama, apenas un chispazo,
mi corazón no existe, pero arde.

(De *El viento*)

ETERNIDAD

Yo sé que estaba entonces cuando nada existía...
Estaba allí, en las sombras de un valle solitario
donde aún no fluía la música del agua.
Mi desnudez se alzaba sobre el vago paisaje
como un grito de auxilio en el mortal vacío.
Fueron mis senos las primeras flores,
y mi vientre la almohada de la vida;
nacieron de mis ojos las estrellas
y mi mano encendió la viva antorcha
de la continuidad. Bestias y plantas
latían a la vez en mis arterias.
Avanzaba insegura entre las sombras
y a mi paso las tierras florecían...

¡Ya ves si es vieja el alma que te busca!
¡Qué corte de milenios la acompaña!
Presencié la erupción de los volcanes,
el duro nacimiento de los montes;
vi marchitarse inmensos vegetales
que ya no conocieron los humanos.
Y hundida en las tinieblas inauditas,
escuché los aullidos de los monstruos
que mataba la luz a cuchilladas.

Héme aquí, tan antigua como el mundo,
con este amor nacido de mi frente,
con esta enorme sed que no he saciado.

No me exijas virginidad alguna.
Allá, en aquel silencio pavoroso,
la Vida me violó bárbaramente...
Manchada estoy por la humedad del musgo,
por la tierra y el fuego y la lascivia
milagrosa del aire. Si me quieres,
tómame fecundada por los sueños,
preñada por la gracia de los siglos.

(De *Ardiente voz*)

1941 a 1950

CONCHA ZARDOYA
MARIA BENEYTO
PINO OJEDA
CELIA VIÑAS
ANGELA FIGUERA

Concha Zardoya

CONCHA ZARDOYA es española, aunque nacida en Valparaíso (Chile). Es licenciada en Filología Moderna por la Universidad de Madrid y doctora por la Universidad de Illinois.

Entre sus muchos libros de poesía recordemos ahora *Los ríos caudales*, dedicado a diez y seis poetas de la generación del 27. El título de este bellísimo libro nos sirve de apoyatura para decir que Concha es su propio *río caudal*, y que este caudal inagotable y generoso nos muestra, desde los diferentes ángulos de profesora, ensayista, traductora y poetisa insigne, su amor, su dedicación, su fidelidad a nuestra literatura.

Su primer libro *Pájaros del Nuevo Mundo* fue editado en la Colección Adonais en 1946 y desde entonces sus publicaciones se han sucedido regularmente.

La poesía es para Concha Zardoya *una pura urgencia del espíritu. Las palabras del poema no se esquivan ni contraponen, sino que tienden a unirse en más y más estrechas afinidades, colaborando en la búsqueda de un sentido. El involuntario manantial de una verdad que busca expresión y forma. Es una totalización de la experiencia humana.*

Estudiosa de grandes poetas —citaremos, entre otros, a Miguel Hernández y Leopoldo de Luis— y traductora de Walt Whitman, se dedicó desde 1948 a 1977 a dar clases de Literatura Española en diversas universidades americanas. Tiene en su haber importantes premios literarios.

Sea el destino de su palabra como su *Flauta dulce:*

> *Nos duele tu sonido, flauta dulce:*
> *nos hiere y acaricia al mismo tiempo.*
> *Conmueve el corazón y sus latidos*
> *son sangre acongojada que te escucha.*
> *Penetras hondamente...*

BIBLIOGRAFIA

POESÍA

Pájaros del Nuevo Mundo (1946); *Dominio del llanto* (1947); *La hermosura sencilla* (1953); *Los signos* (1954); *El desterrado sueño* (1955); *Mirar al cielo es tu condena* (1957); *La casa deshabitada* (1959); *Debajo de la luz* (1959); *Elegías* (1959); *Corral de vivos y muertos* (poemas para españoles) (1965); *Donde el tiempo resbala* (romancero de Bélgica) (1966); *Hondo sur* (1968); *Los engaños de Tremont* (1971); *Las hiedras del tiempo* (1972); *El corazón y la sombra* (1977); *Diotima y sus edades* (1981); *Los ríos caudales* (Apología del 27) (1982); *Manhattan y otras latitudes* (1983); *Retorno a Magerit* (1983); *Poemas a Joan Miró* (1984); *Ritos, cifras y evasiones* (1985); *No llega a ser ceniza lo que arde* (1985); *Forma de esperanza* (1985); *Los perplejos hallazgos* (1986); *Altamor* (1986); *Gradiva y un extraño héroe* (Torremozas, 1987).

SOMBRA MIA

Desoías las horas, en tu silla sentada,
hilvanando, cosiendo o trazando bordados.
Se agotaban los hilos al pasar por tus dedos.
Las labores crecían en la vela nocturna.
El reloj no cesaba de girar a tu sombra.

Yo miraba tus manos... Su lección aprendía:
enhebraba la aguja con un ardor novicio,
el nudo era perfecto al final del estambre.
Y alfileres te daba con un cuidado sumo,
soslayando la punta, ocultando la herida.

También era difícil fijar esos botones
en el lugar preciso, junto al ojal abierto.
Saber unir las piezas era faena ingrata
y no menos seguir la fina y curva línea.
Los labios sonreían al alcanzar la meta.

Al principio, fue un juego: imitar divertía.
Mas después fue insinuando su verdad trascendente:
el nivel doloroso de los arduos oficios,
la fatiga y el sueño enlazados vivían.
Mi conciencia de niña, silencioso testigo.

Con mirada de hoy voy viendo las puntadas
de ayer, entretejidas a telas que se han ido,
flotando alucinadas, sensibles, sobrevivas:
se alinean en pliegues persistentes y diáfanos
que descubren mis ojos renacidos y limpios.

Desoías las horas... Yo las oigo aquí mismo.
Con tu aguja en la mano, las recoses al alma,
a todo lo que ha sido mi vida desde entonces.
Y no cesa el reloj de girar a tu sombra.
Sombra mía que es tuya, maternal y doliente.

(De *Diotima*)

VIVIR ES UNA HERIDA

A Ana María Matute

El hambre hiere y hiere la belleza.
El unicornio hiere, prisionero.
Y hiérenos el alma aquel soldado
que azotaban ayer en sien y pecho.

Y duélenos el niño que maltratan,
que no sabe leer ni abriga un techo.
Nos duele el aire gris en que se pierde
la última luz, final, del pensamiento.

La lágrima que cae sin ser vista
del corazón, del ojo, nos va hiriendo,
larga espina lentísima, la sangre,
la piedad que nos vive desde dentro.

Y nos duele vivir y amar nos duele.
Y nos duele saber que al ir muriendo
hemos vivido más, al desvivirnos.
Nos duele ser humanos, ser de viento.

Vivir es una herida que se ahonda
hasta ser manantial de todo aliento.
¿Será la paz morir? ¿Anonadarnos?
¿Nuevas heridas, muertos, sufriremos?

¿Nos dolerán las sombras, densas, pétreas?
¿Herirá la quietud los pobres huesos?
¿O la Nada absoluta, con su olvido,
cegará para siempre el sentimiento?

Y estas piedras, también, calladas, quietas,
nos duelen en su paz y en su silencio.
Y estas losas nos hieren porque, mudas,
encubren el secreto de sus muertos.

(*The Cloisters*, New York)

(De *Manhattan y otras latitudes*)

POR CALLES QUE SE FUERON

Por calles que se fueron no he de verte...
Se deslizó tu sombra ya sin fábula
que pudiera soñar si recorriera
aquel viejo arrabal entredormido
bajo acacias en flor, atardeciendo.

Hacia atrás, tu recuerdo... Los vestigios
rescata del olvido la memoria
que ha quedado de ti y aún persiste,
enraizada hiedra en algún muro,
siempre vivo jazmín de la esperanza.

Por calles que se fueron no he de verte...
Mas mis ojos te siguen, traspasando
la carolina Puerta sin aldaba,
el fraternal viaducto que cruzábamos
sin atisbar sus fondos por mirarnos.

Por calles que se fueron no he de verte...

(De *Retorno a Magerit*)

LA TUNICA DEL ALMA

Donad las pertenencias, libertados
de cuanto es plata vieja, de monedas
que han llenado las arcas heredadas.
Deshabitad desvanes de tesoros.

Y tierras que no aráis con vuestra yunta
que sea del labriego y de sus hijos.
Florezcan los olivos que plantásteis
con vuestra propia mano, den su fruto.

Mirad al horizonte y, luego, dentro:
sin contar las acciones que ennoblecen,
desdeñad vanidades de la fama.

Hilad, tejed, con suaves dedos limpios,
la túnica feliz que no se compra
ni en comercios ni en zocos, y no es dádiva.

(De *No llega a ser ceniza lo que arde*)

LA LUZ ULTIMA

*(Para M.ª Josefa Canellada y
Alonso Zamora Vicente)*

Y la tarde llegó con sus memorias,
la tenue luz muriente y el pasado.
De pronto, un humo rosa que ascendía
en espiral, al cielo, de las casas.
Y tus ojos lloraron con sus lágrimas
nacidas de recuerdos y de ausencias.

Anochece... La sombra se agiganta.
Y siente que tu vida la encarcelan
—afuera están salvajes perros, tigres—
las memorias y miedos que hacen daño,
niñez y juventud de parvos júbilos.
Tu vida que atormenta la luz última.

(De *Altamor*)

María Beneyto

A voz poética de **MARIA BENEYTO** encierra toda la luminosidad, la azulada ternura y la fuerza de ese mar Mediterráneo que la habita. Nacida en Valencia, publicó en 1947 su primer libro *Canción olvidada*, al que siguieron otros dos antes de *Criatura múltiple*, que fue galardonado con el Premio Valencia y en el que la poetisa encontraba ya su identidad expresiva:

> *¡Soy yo tantas mujeres en mí misma!*

María, humanamente múltiple, se desdobla en tantas personalidades como circunstancias vitales la circundan; más aún: trata de asimilar, de hacer suyo y oír el clamor dolorido de alguien, de cualquiera:

> *Hay alguien que me llama*
> *con la voz en los labios*
> *detenida, sin frase y sin sonido.*

139

Ella será la campana de todos esos sonidos mudos y se responsabilizará de hacernos llegar, con toda claridad, el grito del desamor, de la fe, de la duda, de la esperanza... Con un simbolismo hondo y verdadero, nos hace partícipes de su latido por el camino de la emoción.

María Beneyto representa en nuestro panorama literario una de las voces más maduras. Cálidamente barroca, su poesía nos llega limpia, decidora, verdadera en su luz.

Cuenta con gran número de premios literarios y cultiva con igual éxito la novela y el cuento.

BIBLIOGRAFIA

Poesía

Canción olvidada (1947); *Altra veu* (1952); *Eva en el tiempo* (1952); *Criatura múltiple* (1954); *Poemas de la ciudad* (1956); *Tierra viva* (1956); *Antología general* (1956); *Ratles a l'aire* (1958); *Vida anterior* (1962); *Poesía 1947-1964* (1965); *El agua que rodea la isla* (1974); *Biografía breve del silencio* (1975).

Prosa

La promesa (1958); *El río viene crecido* (1960); *La gent que viu al món* (1966); *La dona forta* (1967); *Antigua patria* (1969).

CRIATURA MULTIPLE

Ni siquiera yo sé por qué me vive
la vida, este aluvión de torpes luces
en criaturas reunidas, aguas
que vienen a mezclarse al caudal mío.

¡Soy yo tantas mujeres en mí misma!
¡Están viviendo en mí tantas promesas,
tantas desolaciones y amarguras,
tanta verdad que no me pertenece!

Tengo la vida demasiado ciega
con recuerdos —¿de dónde?— que me agobian
con nostalgias profundas —¿de qué cimas?—.
¡Y mi voz, viene a veces de tan lejos!

¿Cómo conozco de la hembra estéril
el clamor, en mi sangre no iniciada?
¿Qué mujer, madre, esposa, compañera,
habla al varón en mí de la esperanza?

¿Qué caminante lúcida detiene
en mis pasos su andar de peregrina
y se acoge al origen, a mi orilla,
junto a alimañas, árboles y ríos?

¿Vengo de raza de mujeres tristes
con todas las tristezas silenciadas,
las que callaron la palabra exacta
del amor, y me empujan a decirla?

¿Quién me ha ordenado ineludiblemente
hablar con voz ajena a mi silencio,
presintiendo, crecida, o recordando
existiendo a la vez de tantos modos?

Yo, múltiple, plural, amigos míos,
no soy nada. Soy todo. Soy aquella
que se quejaba a Dios de no ser río
y ser mar, ser clamor y no palabra,
ser calle de ciudad y no sendero,
ser colmena y no ser única abeja.

(De *Criatura múltiple*)

LA ULTIMA MUJER

Heme aquí ya en la hora vespertina
a tu lado de siempre, en tu ladera,
hombre en quien se condensan tantos siglos
de dolor, gran vasija de amargura.

Hombre, heme aquí. Soy la mujer, ¿recuerdas?
Ese redondo ser de las cosechas
humanas que te acoge y perpetúa.
La que vigila el fuego, la que canta.
La carne dócil, cálida, del lecho.

Soy sólo la mujer que nada sabe
fuera de ver por la ventana el mundo.
La mujer silenciosa de andar leve
que no pesa, ni invade ni importuna.

La mujer de la casa, la de siempre,
con el pan, con el agua como símbolo.
La sencilla y oscura mujer-hueco
en el calor y en la penumbra amiga.

La que guarda las llaves de las cosas
que alguna vez creíste haber perdido.
La mitad de tu vida oscurecida,
la raíz arterial del árbol tuyo...

Hombre. Varón. Tienes la voz llagada.
No puedes ya sino gritar, morirte.
¡Estás ya tan cansado, compañero!
¡Te pesa tanto la tremenda herencia!

Aquí mi mano. Aprieta. Hiere. Corta.
Gritaré yo y olvidarás tu grito.
Aquí mi mano aún, con la caricia
como antes, ¿recuerdas?, como siempre.

¿El mundo? No se acaba. No lo creas.
No se puede morir. Nada se acaba
mientras la vida viva en nuestras venas
y la tierra esté aquí, representada,
en esta isla inmune que alcanzamos.

Ya el átomo cumplió. Ya somos libres
de su amenaza. Ya otra vez tenemos
la soledad aquella del principio
y ya este pobre oasis que se salva
es otra vez sudor, ansia, comienzo...

Yo comparto tu miedo, tu agonía.
Y tu horror, hombre mío, y tu nostalgia.
Pero hay que olvidar. Algo sagrado
se salva aquí en nosotros. Olvidemos.

Yo olvidaré también mi amargo grito
cuando los hijos se rompían, lejos
—miembros míos deshechos por el aire—.
Grito hermano de aquel que les nacía.

Ya estamos solos, hombre. Ya no tienes,
ya no tenemos otra cosa cierta
que la ceniza, eco de las llamas,
recuerdo sólo ya de haber ardido.

Pero me tienes y te tengo: somos.
Mira cómo renace y crece todo
desde el origen, ¿ves? Junto a la hierba
nos elevamos sólidos y enteros.

Somos los mismos reyes, los titanes,
para el árbol y el pez y la alimaña
y el pájaro, y aquello que pervive
como recuerdo, aquí, de aquella vida.

El mundo no se acaba, lo repito.
Lo quiero repetir aún en el caos.
Quiero dar a luz a la esperanza honda,
esta esperanza irracional, de hembra
de fe animal y pura y primitiva.

¿No existen ramas, frondas, todavía?
¿No hay fresca brisa que sorber, y estrellas?
Hay que salvar los ojos. Reintegrarse.
Hay que salvar la vida que nos queda.

Aún no está muy claro el horizonte,
pero la tierra espera tender brazos,
tender manos de mies a nuestro olvido.
No puedes, no podemos defraudarla.

Volveremos, humildes, al principio.
Comenzaremos del sembrado al árbol.
Las catedrales y los rascacielos
volverán, en el tiempo, a prolongarnos.

Aprenderemos bien hojas y plumas
antes de decir árbol, nombrar ave,
hasta saber todas las cosas vivas
por tacto nuestro y no recuerdo antiguo.

La tierra y yo somos profundas, hondas
y bravas paridoras. Somos fuertes.
Oyela bien. Ella te pide espigas
—laboraremos juntos nuevos surcos—,
ella te pide espigas, y yo hijos...

Pero cierras los ojos, no me miras.
Estás ciego a mi voz, lejano, mudo.
Te grito aún que el mundo no se extingue.
¿Por qué ha de equivocarse la esperanza?

Miras en mí el vacío, la tiniebla.
No sé siquiera si me reconoces.
El amor tuyo se cumplió en mi sangre.
Yo soy aquélla de las tibias noches.
¿No puede ya encontrarme tu agonía?

Soy la quieta, la tuya dulcemente.
La del pájaro, el agua y el silencio,
la de la planta leve en la maceta
seguida siempre de alimañas dóciles.

Recuérdame. Soy la que mece cunas
en un rincón de flores invisibles.
La del huso y la rueca, la del ánfora
y las canciones de presentimiento.

¿Me ves ya, me retienes? ¿Ves que vengo
a ti en el trance amargo? ¿Me recobras
en esta hora de la muerte múltiple
que nos dejó en la orilla como náufragos?

Debes dormir. Yo volveré a la sombra
a soñar hijos muertos que regresan.
Pero antes quisiera que dejaras
a mi cuidado tu heredad: la angustia.

Duerme, hombre mío. Duérmete en mis brazos.
Déjame hoy mecerte como un hijo.
Yo velaré. Yo soy quemada tierra.
No se atreve conmigo el elemento,
confuso, que te agita y te amenaza.

Duérmete, que mañana la esperanza
nos traerá a los dos un día intacto,
y yo llevaré el sol hasta tus manos
como a un animalillo siervo tuyo.

(De *Criatura múltiple*)

Pino Ojeda

DESDE Canarias nos llega la melancólica voz de PINO OJEDA. Isleña en medio de su soledad, profunda, con la verdad de su palabra tan desnuda como la de sus pinceles, pero capaz de experimentar y comunicar la emoción poética, conjurándonos con sus luces y sus sombras, siendo a la vez médula y corteza de su propia búsqueda es, sin duda, la voz más clara de las Islas.

Nace en El Palmar de Teror (Gran Canaria) y comenzó a publicar sus poemas en 1945 en la revista *Mensaje*, de Tenerife. Su primer libro *Niebla del sueño* apareció en 1947. *Como el fruto en el árbol* fue Accésit del Premio Adonais (1954), y su tercer libro *La piedra sobre la colina* se editó en Las Palmas en el año 1964.

¿Qué ha sido de Pino Ojeda en estos últimos veinte años? Como pintora ha participado en múltiples exposiciones colectivas y varias individuales, con gran éxito. Como poetisa, su poesía ha seguido traspasando el límite del silencio, enviándonos señales de humo desde sus dragos milenarios, combinando con la vida y con el tiempo el devenir de su enamorada palabra.

Fundó y dirigió la revista de poesía *Alisio*, cuidadosamente editada, en la que aparecieron poetas con poemas inéditos y retratos a pluma, realizados por el pintor-poeta Juan-Ismael. Está incluida en numerosas antologías.

Obras de teatro, libros de poemas, de cuentos, forman parte de su obra inédita.

> *Para un ángel que muera*
> *siempre queda un hueco en mi casa.*

Y añadimos:

Para un verso de Pino Ojeda, siempre hay un hueco en la sensibilidad de los amantes de la poesía.

BIBLIOGRAFIA

POESÍA

Niebla del sueño (1947); *Como el fruto en el árbol* (1954); *La piedra sobre la colina* (1964); *El alba en la espalda* (Torremozas, 1987).

CANTO A LA TRISTEZA

Oh, Tristeza, no me inundes, no te adueñes de todo
de todo lo que sueño,   [lo que toco,
de todo lo que salta del corazón a los labios.
No me claves tu impúdica sonrisa, tus dientes oscuros,
No me cierres los ojos con tu torrente frío,   [de odio.
brutalmente agolpado sobre los tibios sueños, sobre los
                                [tiernos silencios.

(Oh la triste sonrisa que navega con su vela gris y rota.
La triste sonrisa del cielo que se ha quedado sin estrellas,
del pájaro que ha perdido su nido,
del árbol que le arrebatan sus hojas,
del niño que le descubren la vida cuando aún no ha
                        [empezado a llamarla).

No, Tristeza, no vengas.
Tú tienes que quedarte en la carne del hombre después
en el río que baja hacia el mar,   [de su fiesta,
en los cementerios viejísimos,
en todo lo que definitivamente sucumbe, muere, se aleja.
Pero no habites la carne del niño,
la amapola que nace en el valle,
el pino que espera su luna para jugar a la madrugada.

No dejes tu sombra en el alto picacho, sobre sus
                        [vigilantes ojos,
sobre sus cavernas tibias, sobre sus habitantes minúsculos.

149

Deja que el sol le abrase detenidamente,
como si no quisiera jamás deshabitarlo.

No vengas sobre los labios para que el odio acune en
sus pequeños, espúreos hijos.   [ellos
Para que las voces proclamen sus maldiciones,
sus cotidianos fracasos.

No queremos de ti nada.
No queremos tu mordida al morirnos ni saber que nacimos
abonar con nuestras miserias la tierra,   [para
calmar el hambre de unos gusanos que viven de la tristeza
                                        [de un muerto.
No, no nos descubras tu mundo de sombras, no quiero
                                        [tenerte.
Yo quiero que te hundas sin remedio, que no alientes,
que muera tu espiral de humo antes de llegar a los labios.
Que te quedes, que sucumbas ante la fuerza del árbol que
                                        [reverdece,
ante el mar que se entrega a la roca y la playa,
ante la mano del hombre que siembra su cosecha
Que mueras ante el viento, empujada por él, [temprana.
detenida en tu carrera desesperada por ahondar en todo
                                        [lo que nace como un milagro.

No te acerques.
Nos basta la vida sencilla, saber que cada cosa es nuestra,
que está para nosotros,
que podemos alargar las manos y tenerla.
Queremos sonreír aunque nada florezca y nada nos
                                        [pueble.
Quiero no tenerte en los brazos doblándomelos hacia
mis sueños más tiernos.   [atrás para doblegar
No quiero saberte mi huésped, no, no quiero sentarte a
                                        [mi mesa.

Yo quisiera mis labios sin mueca que los distienda,
                                [sin lágrimas que los bañe.

Quiero tenerlos vírgenes y blandos,
que puedan cobijar el beso que cada día les ofrece el alba,
la flor que nació en un vuelo,
el beso del hijo al despertarlos.
No, no te quiero a mi lado, Tristeza, no quiero tu caricia
                                                    [ni tu palabra.

En la tierra todo es alegre y yo quiero ser como la
Nacer cada día temblando en el trigo,   [tierra.
que mis labios rompan la espiga y ofrezcan a Dios su
                                                    [grano.
Quiero nacer en la fuente, toda agua como ella, toda salto
                                                    [exultante.
Ser como la ola renacida que se ofrece una y otra vez
Como el viento estar en todas partes: [nueva y blanca.
limpiando el dolor de los árboles,
a los pájaros su nido,
dándoles la nueva canción a sus flautas.

No quiero que mis manos estén flojas.
Quiero tenerlas en lo alto para dar mi bienvenida a los
                                                    [ángeles.
Quiero alegría en mis brazos, alegría en mis ojos, alegría
                                                    [en mis labios.
Que si un sueño se rompe, del dolor nazca un sueño más
                                                    [amplio.

No, no quiero tristeza en mis ojos, no, no debes habitarme.
Para un ángel que muere, siempre queda un hueco en mi
                                                    [casa.
Tú no puedes ocuparme, no, no hay sitio en mi alma.
(Oh, Tristeza, no me sirves, no, no debes llegarme)

                    (De *Como el fruto en el árbol*)

Lo inconcreto, lo inmaterial,
desde el alba primerísima
desde la incierta claridad
cómo me envuelve.

Laten mis deseos al borde
del intocado sueño
vigilantes, plegados sobre sí.
Como si más allá nada esperasen
y otro vuelo se hiciera innecesario.
Como si estar allí
sin sentirse, fuera su único fin.
Toda su esencia.

Así mi espera renovada,
en silencio, sin realidad tocada,
apenas definida,
deseándola dentro de mí:
igual que la noche paciente
espera desde siglos la burbuja
dorada de un nuevo mensaje.

(De *El alba en la espalda*)

Celia Viñas

UATRO libros de poemas y uno de prosa tenía CELIA VIÑAS cuando su voz quedó cercenada el 21 de junio de 1954 por una muerte inesperada y absurda. Ella era la vida misma: alegre, amante de la naturaleza, de la música y de los niños..., especialmente de los niños.

No sé cuándo me moriré pero tendré una de
esas tumbas sencillas con mi nombre solo:
Celia enseñó lo que aprendió de los niños.

Bella frase para adentrarnos en su ser, en su amor por la Pedagogía. Con una contagiosa generosidad, su darse a cada paso, en cada brote, en cada palabra, la engarzan definitivamente a nuestra memoria. Toda su poesía tiene una extraña fuerza, una ternura apasionante y apasionada. En cada verso suyo hay una regresión a lo más puro del hombre, a la raíz más íntima, a los sentimientos más claros y verdaderos.

153

Celia se licenció en Filología Moderna, grupo Románicas y obtuvo su cátedra en el año 1943. Casada con el también pedagogo y escritor Arturo Medina, quien a la muerte de Celia se preocupó de ordenar y publicar enseguida, en 1955, *Como el ciervo corre herido* (poemas sacros); y más tarde, *Canto* (1964), *Plaza de la Virgen del Mar* (comedia, 1974), y *El primer botón del mundo y otros cuentos* (1976). Este mismo año, con idea expresa de difusión, *Antología Lírica,* en la Colección Adonais. Y finalmente, en 1980, *Poesía última,* preparada con amoroso cuidado para que nada se perdiera de lo escrito por ella.

Nació en Lérida, amó a Mallorca y adoptó a Almería, siendo esta última la que guarda no sólo sus restos sino también su memoria viva. En la capital de aquella hermosa tierra, que ella cantara, hay un busto suyo con su nombre en una placita. Circundan su púlpito de piedra el devenir de las gentes que tanto amó y los juegos y las risas fugitivas de sus queridos niños.

BIBLIOGRAFIA

POESÍA

Trigo del corazón (1946); *Canción tonta del sur* (1948); *Palabras sin voz* (1953); *Del foc i la cendra* (1953); *Como el ciervo corre herido* (1955); *Canto* (1974); *Poesía última* (1980).

PROSA

Estampas de la vida de Cervantes (1949); *El primer botón del mundo y trece cuentos más* (1976).

TEATRO

Plaza de la Virgen del Mar (1974).

PARVULOS

¿Tú has tenido
una maestra
como yo, di,
con su falda de cerezas?
No sé cómo se llamaba,
mas tenía una cenefa
en su falda
de cerezas
y era el campo y era el cielo
de mi escuela
el cerezo de su falda
de soltera.

(De *Canción tonta del sur*)

CARTA AL AMADO DESDE UN JARDIN
DE MALLORCA

¿Sabes? Tantas adelfas en la sangre
—una sangre donde se abren surtidores
de sombra—,
y tanta sombra bien quemada,
y tanta sombra...
Amado mío, voy a contarte:

Caen las naranjas verdes desde la rama
y en los rosales se peinan las rosas;
hay una araña con velo de novia,
quieta, quieta,
de hoja a hoja,
y me hace sollozar eso, que su vida
no se llame *corazón*.
La lluvia dice: —*arroró, niñita, arroró*—.

Hay un sueño de almendra y de aceite virgen
y de sombra de algarrobo.
—Y de aquello ya no hay más,
no hay más...—
Golondrinas con los huesecillos de música
han huido negras, azules, chilladoras...
No sé qué me decían de ti,
que estás lejos y que mordisqueas
limones en la tarde malva,

mirando desde una ventana
con murallas y puerto.
Los navíos remontan por las parras
y en las torres se hace de fruta la sed
en la ciudad donde el viento pasea unas barbas
de desierto, de vidrios, de plata muerta.
Gritos son los besos,
gritos los besos...
Y tanta palabra amarilla
balanceándose como una fruta
—racimos, granadas bien acuchilladas—
tan dulcemente moribunda de perfumes...
En la tierra, tan mojada de salivilla,
la baba del caracol
por la frente de los ángeles dormidos.
    Cerca del estanque
hay un ángel que duerme
y las hormiguillas le corren por las alas
buscando y rebuscando un plumoncito
con una pequeña gota de sangre viva,
sólo una gotita de sangre
que será la semilla de un bosque
de catedrales y torres con campanas,
de torres con campanas, amor mío.
    Heine está en el jardín en la voz de la amiga
Y dice: —¡Que poco amáis los árboles!—
Sí, mi señora de la dulce Germania,
nosotros amamos los huesos de los árboles,
las cruces,
amamos a Dios.
Mordiscos, y el amor grande, grande, grande,
—playas y silencios, escuchad—,
a mordiscos el amor grande
se merendó las mentiras,
y encuentra la fuente, la tórtola, la albahaca allí.
Hay más cosas en el jardín.
¿Cómo se llama aquella flor blanca?

—No lo sé.
Es una flor blanca que es muy blanca—.
La piedra, tan sencilla,
encuentro allí,
tan sencilla vestida de día de trabajo.
No nos engañarás, no
como engañan los nidos de pájaro
o los lirios de agua azul.
La niña pequeñita pregunta:
—¿*Los ángeles tienen pico como los pollitos?*—
yo pienso que los ángeles pían
balan y trinan como ruiseñores
dicen: —*Padre mío*—.
Todo se ha hecho rotundo en el Santo Nombre
del Hijo y del Espíritu Santo.   [del Padre,
Crece mi amor como un mediodía,
el corazón, una piscina de miel
con peces de azúcar candy
de cuando yo era niña,
y la lengua, un jardincillo
húmedo de lluvia también,
donde la hierba hace y deshace
palabrillas de amor,
para ti, amado mío,
que, lejos, muy lejos,
comes limones al atardecer.
Los navíos se suben a las torres.

(De *Del foc i la cendra*)

EL VINO EN LA BOCA

Un vaso de Jerez

Y ahora ya en la boca enamorado,
ya en lengua y paladar esposo fino,
detiene tu frescor enmascarado
buscando mi garganta de camino.

Y bebo tierra y cielo y llama y prado,
y beso arena y fruto y desatino,
y el antiguo racimo atormentado
es como un corazón dentro del vino.

Dentro del vino, amor, para besarte,
dentro del vino, amor, para quererte,
en el vino, mi amor, para esa herida,

—¡ay, saeta de luz!— de parte a parte
garganta, corazón entraña fuerte,
en el vino, mi amor, para ser vida.

(De *Poesía última*)

AZOTEA

El viento, la sal, el mar
estrangulan azucenas.
Azoteas.

Blancos, delgados, tú y yo
sin cinturas y sin caderas.
Tú y yo
de cera. Sí, de cera.
¿Qué? —¡ay!—
Sea
la luz, la cal, el aire.
¿Y el amor, espina de naranjo,
dulzura espesa?
¿Hermanos, amantes, dioses,
estrellas?
Niños, agua, aire delgado
tú y yo. Azotea.

(De *Antología lírica*)

Angela Figuera

ACIO ANGELA FIGUERA en Bilbao. Licenciada en Filosofía y Letras por la Universidad de Madrid, desempeñó durante algunos años la Cátedra de Lengua y Literatura española en Huelva y en Alcoy. Se casa en 1934, y es en 1948 cuando aparece su primer libro *Mujer de barro*, donde una perfecta comunicación de sus sentimientos y su condición de mujer constituye el eje de sus poemas. La poetisa, derramada por el sentimiento amoroso y la maternidad, va dejando correr la emoción con la palabra justa. Al año siguiente, 1949, se publica *Soria pura* libro en el que Angela adquiere una mayor profundidad y que anticipa su futura y definitiva voz, *solidaria con todos los problemas y sufrimientos*, que harán de sus libros una constante denuncia social. Ya en *Vencida por el ángel*, tercero de sus libros, nos dice:

me ha dejado clavada la raíz de la angustia
y ya siento en mi alma el dolor de los mundos

161

Nunca esta raíz de angustia la abandonará y sonará su voz con una reciedumbre poco común en las poetisas de la época. El dolor por/con/del hombre será la identificación más profunda de su poesía, integrado en la palabra y en el tiempo.

Muere el 2 de abril de 1984. Ella nos dijo:

El día que me muera
no quiero el llanto al uso ni las flores
cortadas al efecto ni los cirios
de lento gotear en los sufragios

porque allí donde habite el dolor del hombre resonará la palabra de Angela, como aldaba, despertando a la indiferencia.

BIBLIOGRAFIA

Poesía

Mujer de barro (1948); *Soria pura* (1949); *Vencida por el ángel* (1950);*Víspera de la vida* (1951); *El grito inútil* (1952); *Los días duros* (1953); *Belleza cruel* (1958); *Toco la tierra* (1962); *Cuentos tontos para niños listos* (1979); *Canciones para todo el año* (1984); *Obras completas* (1986).

CREO EN EL HOMBRE

Porque nací y parí con sangre y llanto;
porque de sangre y llanto soy y somos,
porque entre sangre y llanto canto y canta,
creo en el hombre.

Porque camina erguido por la tierra
llevando un cielo cruel sobre la frente
y el plomo del pecado en las rodillas,
creo en el hombre.

Porque ara y siembra sin comer el fruto
y forja el hierro con el hambre al lado
y bebe un vino que el sudor fermenta,
creo en el hombre.

Porque se ríe a diario entre los lobos
y abre ventanas para ver los pinos
y cruza el fuego y pisa los glaciares,
creo en el hombre.

Porque se arroja al agua más profunda
para extraer un náufrago, una perla,
un sueño, una verdad, un pez dorado,
creo en el hombre.

Porque sus manos torpes y mortales
saben acariciar una mejilla,
tocar el violín, mover la pluma,
coger un pajarillo sin que muera,
creo en el hombre.

Porque apoyó sus alas en el viento,
porque estampó en la luna su mensaje,
porque gobierna el número y el átomo,
creo en el hombre.

Porque conserva en un cajón secreto
una ramita, un rizo, una peonza
y un corazón de dulce con sus letras,
creo en el hombre.

Porque se acuesta y duerme bajo el rayo
y ama y engendra al borde de la muerte
y alza a su hijo sobre los escombros
y cada noche espera que amanezca,
creo en el hombre.

(De *Toco la tierra*)

BELLEZA CRUEL

Dadme un espeso corazón de barro,
dadme unos ojos de diamante enjuto,
boca de amianto, congeladas venas,
duras espaldas que acaricie el aire.
Quiero dormir a gusto cada noche.
Quiero cantar a estilo de jilguero.
Quiero vivir y amar sin que me pese
este saber y oír y darme cuenta;
este mirar a diario de hito en hito
todo el revés atroz de la medalla.
Quiero reir al sol sin que me asombre
este existir de balde, sobreviva,
con tanta muerte suelta por las calles.

Quiero cruzar alegre entre la gente
sin que me cause miedo la mirada
de los que labran la tierra golpe a golpe,
de los que roen tiempo palmo a palmo,
de los que llenan pozos gota a gota.

Porque es lo cierto que me da vergüenza,
que se me para el pulso y la sonrisa
cuando contemplo el rostro y el vestido
de tantos hombres con el miedo al hombro,
de tantos hombres con el hambre a cuestas,

de tantas frentes con la piel quemada
por la escondida rabia de la sangre.

Porque es lo cierto que me asusta verme
las manos limpias persiguiendo a tontas
mis mariposas de papel o versos.
Porque es lo cierto que empecé cantando
para poner a salvo mis juguetes,
pero ahora estoy aquí mordiendo el polvo,
y me confieso y pido a los que pasan
que me perdonen pronto tantas cosas.

Que me perdonen esta miel tan dulce
sobre los labios, y el silencio noble
de mis almohadas, y mi Dios tan fácil
y este llorar con arte y preceptiva
penas de quita y pon prefabricadas.

Que me perdonen todos este lujo,
este tremendo lujo de ir hallando
tanta belleza en tierra, mar y cielo,
tanta belleza devorada a solas,
tanta belleza cruel, tanta belleza.

(De *Belleza cruel*)

VIENTO DE AGOSTO

Al agua, no: me voy al viento, al viento,
jinete sin color de los caminos
en esta noche densa del verano.
Tacto caliente, labios pegadizos,
espesos de perfumes y sabores
porque durmió, de día, en los tomillos,
y despeinó las cañas,
y se arrolló en el tallo de los lirios;
ciñó, redondo, las redondas frutas,
y acarició en las vides los racimos,
y el flanco sudoroso de las bestias
en las eras del trigo...

Quiero sentir sus manos apretadas
en mis cinco sentidos.

(De *Soria pura*)

LA ROSA INCOMODA

A esto nada menos hemos llegado, amigos,
a que una fresca rosa nos lastime la mano.

La tengo. Es inaudito. Es realmente una rosa.
Tan bella y delicada.
Oh, demasiado bella y delicada
para llevarla en triunfo por la calle,
para ponerla al lado de un periódico,
para alternar con tanto futbolista
o viajar en las sucias apreturas del metro.

¿No veis? Es tan absurdo. Es casi un compromiso.
No sé qué hacer con ella.
Me nació. Y es tan mía que no puedo dejarla
marchitarse en la sombra de mi alcoba sin lluvia
ni meterla en asfalto
ni atarla en la veleta de cualquier rascacielos
ni echarla por la boca de alguna alcantarilla.

Y no puedo tampoco, tan viva y tan brillante,
prendérmela en el pecho,
igual que si llevara
mi corazón desnudo a los ojos extraños.
No sería decente.
Y menos colocarla en mis cabellos.

(Son ya grises, amigos.) Bastante me he arriesgado
publicando mis años sin quitar una fecha
y mis largos poemas con la sangre en los bordes.

Lo confieso: me encanta contemplarla a hurtadillas,
tan tierna e inocente como antes de la culpa,
como antes de esta paz y aquella guerra,
como antes de tan lindos sonetos a la rosa.
Tan clara y vidente como en los días santos
cuando las rosas iban con el hombre
sintiéndose seguras,
el laurel y el olivo prosperaban en casa,
y era cosa admitida
que las aves bajaran a cantar sobre el hombro
de cualquier transeúnte.
Sí, me gusta mirarla. Pero siento vergüenza.
Pero temo encontrarme con cualquier conocido.
¿Cómo estás? Muy bien, gracias. ¿Y esa rosa? ¿Esa rosa?

(De *Belleza cruel*)

1951 a 1960

MARIA VICTORIA ATENCIA
CRISTINA LACASA
CONCHA LAGOS
TRINA MERCADER
AURORA DE ALBORNOZ
ELENA ANDRES
MARIA DE LOS REYES FUENTES

María Victoria Atencia

ARIA VICTORIA ATENCIA nace en Málaga y allí ve transcurrir sus primeros años, aunque con frecuentes temporadas en Torremolinos y en la casa que en Churriana poseían sus abuelos (de la que Julio Caro Baroja hizo un espléndido dibujo que envió a María Victoria sin saber que le remitía la imagen de su propia casa y de su niñez).

Transcribimos unas líneas de Vicente Aleixandre sobre su primer encuentro con la poetisa:

Siempre recuerdo aquellas espumas blancas de las que parecía ella surgir, en el primer día de nuestro conocimiento. Una adolescente delicada pero irradiante que parecía sonreír desde un futuro prometido. En aquella playa, entonces casi salvaje, de Torremolinos, adelantaba el pie impecable, la mano cuidadora, por un milagro de la generosidad temprana, para atender al poeta más maduro, que se sentía escogido y no sabía por qué. Es que algo se le anunciaba: el nacimiento de un resplandor y de una oscuridad, al mismo tiempo, entre los que ella en-

cerraría y revelaría la significación de la vida, con una palabra inconfundible.

En 1953 publica un pequeño volumen: *Tierra Mojada.* Su título hace referencia a la íntegra renovación del campo después de la lluvia, y alude seguramente a la renovación de la propia sensibilidad que para María Victoria debió suponer el hallazgo de la poesía. A partir de este momento, abrasada por la liturgia ardida del poema, en una labor callada y sincera, irá construyendo una obra magnífica que la sitúa entre las voces más importantes de nuestro panorama literario.

En 1955 ven la luz sus *Cuatro sonetos* del que *Sazón* fue el primero y su primera colaboración en «Caracola», revista de honda raigambre en nuestra poesía, que enseguida la acogió como algo propio. Diremos que su primer libro —como tal— será *Arte y parte,* que en 1961 aparece en la colección Adonais. Ese mismo año se edita *Cañada de los ingleses,* que inmediatamente fue traducido al italiano y al rumano. Pero tras esta publicación la autora se mantendrá en silencio durante quince años. Por entonces Gabriel Celaya le advierte *«que es siempre lo callado/la luz que más aclara»,* e irrumpe de nuevo en 1976, con toda fuerza, con sus dos libros *Marta & María* y *Los sueños.*

Otros libros y una serie de cortas entregas irán ofreciéndonos testimonio del quehacer poético de María Victoria, cuyos poemas son reflejo de su propia serenidad y encierran toda la belleza de la propia *recreación* de la palabra.

Es miembro de las Reales Academias de Bellas Artes de Málaga, Cádiz, Córdoba y Sevilla. Nos parece interesante resaltar que no ha concurrido jamás a ningún certamen poético.

Nos dice:

Andar es no moverse del lugar que escogimos

No. No le ha hecho falta andar, ni moverse, ni siquiera alzar la voz desde su Málaga natal. Sus poemas han recorrido los caminos por ella.

BIBLIOGRAFIA

OBRA POÉTICA

Tierra mojada (1953); *Cuatro sonetos* (1956); *Arte y parte* (incluye los cuatro sonetos) (1961); *Cañada de los ingleses* (1961); *Marta & María* (1976); *Los sueños* (1976); *El mundo de M.V.* (1978); *El coleccionista* (1979); *Debida proporción* (1981); *Adviento* (1983); *Paulina o el libro de las aguas* (1984); *Ex libris* (1984); *Compás binario* (1984).

CALLE

Abríase la calle lentamente desierta,
encendiendo fachadas
y levantando flores por aleros y tejas.
Estaban de un subido color las buganvilias.
La luz inauguraba su rayo más hermoso.

Distinta parecías en la hora primera,
desprendida de todo,
viviendo a manos llenas del silencio y la calma,
privilegio tan sólo de este instante indeciso.

Cruzando por aleros te embellecían pájaros,
diciéndote su hermoso improvisado vuelo,
cayendo desde arriba, haciendo mil diabluras
igual que colegiales los jueves por la tarde.

175

No te llenaban niñas de florecidos ojos
estrenando valientes canciones ya pasadas,
ni muchachos abriendo
la clave siempre nueva de su empezada vida.

De vez en cuando un hombre te cruzaba despacio,
ensimismado casi, deletreando problemas
de su vida en tus muros, llenándote de un aire
de gris melancolía.

Tu olor no era de asfalto como otras veces fuera:
era un aroma dulce
de campo descubierto
por donde se asomara tu corazón de tierra.

(De *Arte y parte*)

PAULINA BORGHESE

Hiende en la noche tu perfil egregio
ahora que el ciervo brama en el jardín tan próximo,
y salva el cerco de laurel que abraza
tu mármol desnudado: no hay un río
que anegue tu cintura, un agua cálida.
Salta del lecho, caiga tu diadema,
huye al prado: Gesualdo di Venosa
suena en su clavicémbalo.
Tiene la perfección vocación de desorden.

LA SEÑAL

Plenitud fuera esta levedad.

Hondos cuencos
me ofrecen aún el oro de su fruta.
Tomad mis manos: siento el frío entre las vuestras,
o ardo enseguida, y vivo, pues engendré belleza.
Y aliento —o finjo— aún, y tan profundamente
que me puedo saber huésped de vuestros días
aunque lleve en los labios la señal de otro beso
por el que, en cortos trechos de alquitrán y pizarra,
los pájaros de nácar abatidos
incendian la distante orilla del verano.

(De *Paulina o El libro de las aguas*)

CONDESA DE CHINCHON

Por romper el silencio, mustias espigas roza
un ángel cuando pasa sobre sus bucles jaros;
o porque no has perdido aún —tú, la carente
de todo— una frescura conventual y dócil.
Desde el sillón prestado contemplas la comedia
y, con ausentes brazos, abarcas el juguete
de un vientre de ocasión por encargos reales.

GODIVA EN BLUE JEAN

Cuando sobrepasemos la raya que separa
la tarde de la noche, pondremos un caballo
a la puerta del sueño y, tal lady Godiva,
puesto que así lo quieres, pasearé mi cuerpo
—los postigos cerrados— por la ciudad en vela...

No, no es eso; mi poema no es eso.
Sólo lo cierto cuenta.
Saldré de pantalón vaquero (hacia las nueve
de la mañana) blusa del «Long Play» y el cesto
de esparto de Guadix (aunque me araña a veces
las rodillas). Y luego, de vuelta del mercado.
repartiré en la casa amor y pan y fruta.

(De *Ex Libris*)

Cristina Lacasa

CRISTINA LACASA nació en Tarrasa, en el seno de una familia de honda raigambre aragonesa. Vive desde su infancia en Lérida, en la que ella se encuentra un poco «aislada», pero esto no ha sido obstáculo para conseguir sus objetivos y alcanzar un puesto indiscutible en nuestro panorama literario.

El inolvidable Guillermo Díaz-Plaja dijo de su poesía:

Es, ciertamente, poesía desnuda, no al modo conceptual juanramoniano, sino en el sentido vital, de roce estremecido de una piel, de una carne, sobre el contorno expectante. Poesía candorosamente abierta que muestra el pliegue doloroso de la desesperanza vital, sin tomarse el trabajo —la pena— de cubrir con crespón de música la honda desgarradura, la sucesión monótona del tiempo, de un instante sucesivo, en que no florece la rosa ... Es una poesía radicalmente lírica; es decir, profundamente sincera.

Desde el caudal de su sinceridad, Cristina Lacasa nos hace vibrar con la ternura y estremecernos ante la injusticia. Consciente del mensaje de su palabra y del momento que le ha tocado vivir, azota, como nuevo jinete poético del apocalipsis, nuestra sensibilidad para que no pasemos indiferentes ante los múltiples dolores humanos. Amor y rebeldía; pero este sentimiento último sin rencor, poniendo su fe y su esperanza en el hombre.

Ha obtenido diversos premios entre los que destacaremos el «Ciudad de Barcelona» (1964), «Ciudad de Lérida» (1973) y «Hucha de Plata» de cuentos (1982). En 1964 obtuvo una beca de la Fundación Juan March y en 1981 una Ayuda a la Creación Literaria del Ministerio de Cultura, para escribir *Ramas de la esperanza* (poemas ecológicos).

BIBLIOGRAFIA

POESÍA

La voz oculta (1953); *Los brazos en estela* (1958); *Un resplandor que perdonó la noche* (1961); *Con el sudor alzado* (1964); *Poemas de la muerte y de la vida* (1966); *Encender los olivos como lámparas* (1969); *Ha llegado la hora* (1971); *Mientras crecen las aguas* (1977); *El viaje* (1981); *Opalos del instante* (1982); *Un plural designio* (1983); *Ramas de la esperanza* (1984).

PROSA

Jinetes sin caballo (1979); *Los caballos sin brida* (1981); *En el centro del arco iris* (1986).

VEGETAR

Porque la noche viene y tengo miedo
de quedarme en sus sombras confundida
me arropo bien de sol, abro ventanas
y hago entrar en mi cuarto
el aliento del día. Luego, sola,
sin una luna, ni una voz, ni un aire
de envolvente ternura, mi cansancio
extiendo cara al techo. Tengo pan
y cobijo ¿qué más puedo querer
para dormir en paz? Dios está arriba,
más allá de la noche, izando el alba
en el otro hemisferio.
                              El techo puro
con los ojos abiertos y sedientos
de luces y de estrellas. Tengo miedo
de la pugna del pan, del nudo oscuro
que va creciendo en torno, de las torres
fieras de mi tristeza; del enjambre
misterioso que altera el nivel de mi pecho
y de dormirme y no soñar siquiera.

Porque la noche es mía y el sudor
me aguarda tercamente en la mañana,
y se ciernen las sombras en mi sombra,
quisiera repartirme como un río
en dos brazos; hacer en mi almohada

dos vertientes de sueño: un sauce de reposo
y una acacia de ramas incontables
descolgando naranjas, manos, pájaros,
aguas libres, altares de esperanza
y sobre todo luz, día y más día
sin muros ni grilletes ni guardianes.
Porque la noche viene y tengo miedo
de quedarme en sus sombras para siempre.

(De *Opalos del instante*)

EL PAN

Silencio: Es la hora convenida,
la del difícil pan. Cierro la puerta
y me siento a la mesa; casi exige
este momento un rito.
                    Cuántas horas
de cadena y ahogo en techos plúmbeos,
de ojos emparedados se concretan
en esta humilde forma, sometida
al régimen del horno. Se requiere
serenidad de mano para alzarla
y pasarla a cuchillo.
                    En un instante
ajusticio el albor de esta inocencia
y un cúmulo de vida, propia vida
que ya no late y amasada viene
con la harina. Reparto rebanadas
y es como si el reparto fuera en sangre
a hachazos arrancada; en esperanzas
que tuvieron su día de milagro.

La voz anuncia por la radio, quiebra
el ala a mi plegaria en la antesala
de los viajeros con derecho a vuelo,
con su campana apócrifa.
                              Defiendo
los oídos, el alma pongo a salvo
en la belleza. Desconecto. El pan
alcanza su aureola, mártir llega
a los labios. La cruz con el cuchillo
sobre su lomo hice ritualmente
al inmolarlo, norma que aprendí
cuando niña del aéreo magisterio
de mi abuela. (Era ella apenas peso
en la materia; apenas pálpito
para la vida que vivían todos
de ansia hacia el colofón de las cosechas.
Su mano en mi cabeza como un pétalo
que roza objetos para el culto; en su aire
la bienaventuranza flameaba.
Se le durmió muy pronto la sonrisa
cara al cielo. La tierra poco tuvo.)

El pan. Silencio: Mi arancel me cuesta
este canje constante; yo en las horas
atada, clausurada; la matanza
de las espigas premio, oliendo a llama
y a levadura, premio, cada día
tres veces, si es posible (¿y los que nunca
consiguen las tres veces, los que nunca?)
como es lo convenido; tres bisagras
que en cadena me siguen proyectando
hacia el tormento de su cárcel. Pálida,
casi gimiendo, tomo el pan y como.

(De *Con el sudor alzado*)

LA NIÑA

Es una niña, un sexo volcado al holocausto
por salivas antiguas de poderosas fauces,
por reptiles de piedra y guerras amarillas.

Nació ya con el vientre desgarrado
por las esclavitudes; tributario a las olas
de la fecundación.
Equilibrista requisitoriada por las tempestades de los
[siglos,
va desde la alegoría del lirio y su trasunto
a la sórdida boca de ciertos materiales sanitarios;
desde la delicadeza decorativa de un jarrón de porcelana
[antigua
al vinagre mordiente de tareas domésticas y arcaicas.

En potencia esa niña
es la madre soltera y sin amparo;
la princesa aburrida en su jaula de nácar,
la donadora del placer prohibido y perverso,
la virgen destellada y sublime
inmolada en el altar de la frigidez;
la alfombra de todos los umbrales,
el río glorificando escombros y estaciones;
la casa que aguarda,
con un tumulto de silencio y de fidelidad,
la piel del cuerpo y del alma con una calle a punto
para ser transitada
y con los besos siempre a la medida para el otro.

(De *Con el sudor alzado*)

Concha Lagos

CONCHA LAGOS es pieza clave de nuestro mundo literario. Fundadora de los «Cuadernos Agora» así como la colección de poesía del mismo nombre, por su tertulia desfilaron todos los poetas del momento y durante muchos años fue punto obligado de reunión para todos los amantes de la literatura. De vocación tardía, publicó su primer libro, *Balcón*, en 1954; y en una recuperación del tiempo perdido su producción poética continuaría de forma regular, teniendo en la actualidad cerca de una treintena de libros publicados.

Siempre en la amplia obra de Concha Lagos nos encontramos con una unidad de tono, teniendo cada libro su propio mensaje testimonial, su propia experiencia vital, conducido por la poetisa desde lo intuitivo a lo cósmico. Toda su poesía tiene un sentido ético expresado con una finura muy personal.

Nacida en Córdoba, es miembro correspondiente de la Real Academia de dicha ciudad. Ha dado lecturas y conferencias en diversas universidades y su voz está recogida en diversas Antologías. Reside en Madrid.

BIBLIOGRAFIA

Poesía

Balcón (1954); *Los obstáculos* (1955); *El corazón cansado* (1957); *La soledad de siempre* (1958); *Agua de Dios* (1958); *Arroyo claro* (1958); *Luna de enero* (1960); *Tema fundamental* (1961); *Golpeando el silencio* (1962); *Canciones desde la barca* (1962); *Para empezar* (1963); *Los anales* (1966); *Diario de un hombre* (1970); *El cerco* (1971); *La aventura* (1973); *Fragmentos en espiral desde el pozo* (1974); *Gótico florido* (1976); *Por las ramas* (1980); *Teoría de la inseguridad* (1980); *Elegías para un álbum* (1982); *La Paloma* (1982); *Más allá de la soledad* (1984); *Con el arco a punto* (1984); *En la rueda del viento* (poemas para niños) (1985); *Segunda trilogía* (1986).

Prosa

El pantano (1954); *Al sur del recuerdo* (1955); *La hija de Jairo* (1963); *La vida y otros sueños* (1969).

FUE LA TARDE Y LA MAÑANA DEL DIA SEXTO

Nunca pudo encontrarla por la calle
ni entre las multitudes.

Era a veces el instante más claro
de algún amanecer,
la nube pasajera,
o la luna de otoño en la ventana.

Su buscada verdad,
mínima para el sueño,
para seguir en paz por los caminos,
tenía que encontrarla por las fuentes.

Con su palabra torpe se quedaba
interrogando al viento,
saludando a los montes.

¡Soles, álamos, rocas!

Qué fácil parecía, frente a ellos,
comprender mundo y carne,
olvidar al demonio,
lanzar al vuelo las palomas
de las virtudes teologales.

Pensaba largamente
en aquellas jornadas infinitas
del Génesis.
Se repetía hasta el cansancio:
El primer día Dios creó la luz.
Y en sombras se envolvía
queriendo imaginar
el caos de las tinieblas.

Creado y bendecido quedó el hombre
en el día sexto.
A imagen de Dios mismo.
Dueño del mar y de los peces,
de la hierba y el fruto.

La tarde y la mañana de aquel día
se le llenaban de tristeza.

(De *Los Anales*)

DESDE LA MECEDORA SOÑANDOME PRODIGIOS

No reprocharme este mi terco afán
de seguir a la espera en la silla de siempre,
a pesar de saber que el imposible
no suele visitar a nadie.
Las manos en la falda (aunque no sean exactamente las
alguien les trazó mapas,   [que tuve);
pequeñas nebulosas de un sepia desvaído;
juegos del sol y de los años.

Estoy llovida en tiempo.
Lo dicen mis ojeras,
algunas hebras blancas por las sienes
y otras cosas, en las que no reparo
porque ya no me queda, como suele decirse,
instante para nada.

El imposible espero.
También con hebras blancas puede que se presente,
con sus galaxias y sus surcos,
testigos del largo caminar.

Me gusta el balanceo de esta silla.
Con él, y este largo mirar lo que me cerca,
la paciencia se acuna.
Sabe del tiempo mío tejido con historias,
todo lo que me arropa sabe.

(Me refiero a paredes, cuadros, libros,
algún viejo retrato de mirar insistente
y veinte caracolas hablándome del mar.)
En dos mecidas, fuera la tristeza.
(Es infalible droga.)
Luego cierro los ojos
y me adormezco en un mundo de nubes
(nubes de la niñez seguramente).
Es que una buena infancia suele dar para mucho;
para toda una vida por lo menos.
¡Cuántas luces después por los rincones!
Como si el sol se colara a raudales.

Un jardín es ahora el que a la cita viene;
no falta ni una flor, algunas,
con su abeja glotona incluso.
Por la alberca diez peces de colores
alardeando de sus brillos.

El pájaro de siempre, el mañanero,
a vueltas con su nota preferida.
De todo lo que alienta puede escucharse el cuchicheo.
Hay mundos pequeñitos detrás de cada hoja.
Lo saben los insectos
y más las mariposas que se inquietan por todo.
Cuando dicen que el perro le está ladrando al aire,
es que esos mundos oye.
Atento está al misterio, lo pulsa, lo percibe
y con largos aullidos nos lo anuncia.

Digo, que el aire, resucitando los perfumes,
invadiendo la casa de azucenas,
es también un prodigio.

Ya sé que son muy pocos los que creen
en ocultos prodigios, sin embargo,
al alcance se ponen, pueblan la soledad
y nueva dimensión descubren.

Lo que sobreviviendo nos acuna,
lo tan palpable del recuerdo,
prodigio en suma es.

(De *Teoría de la inseguridad*)

NUNCA HABLE DE AQUEL POZO

Nunca hablé de aquel pozo:
paredes de cobalto, como de noche antigua,
vegetación de trópico anhelante girando en su vivir
y un sol en el brocal.

La historia de aquel hombre era la vuestra (en cierto
[modo, claro).
Dejadme que lo explique, aunque la historia
se me diluya en búsqueda constante de palabras.
Sólo acierto a decir que su latido era distinto,
como es distinta la manzana cuajada en igual árbol,
incluso en igual rama que sobre el huerto extiende
su plena gravidez.

Paciente en su cavar prolongaba la ruta del misterio;
noche crecida, abismo que profundiza lo ignorado,
y siempre arriba la girante rueda, su halo inconfundible
de cósmico lucir.

En luz ponía la mirada, mientras la hondura
razón le daba de existencia.

Eso que llaman días le cubrieron sin tregua.
Días, noches y una lluvia de estrellas como recién cortadas.
Su pozo inacabable parecía.

Minero permanente con vocación de vuelo,
cediendo al peso de acontecer y tierra.

Limo de la creación, barro del barro;
arcilla y leve soplo.
No es mucho, no, un casi nada apenas.

Serenamente lo pensaba
y fue quitándole a su barro el vidrio, los esmaltes;
toda decoración.

¡Tierra! Tierra tan sólo con su porosa piel.

(De *Fragmentos en espiral desde el pozo*)

Trina Mercader

*J*ACINTO López Gorgé ha dado varias conferencias sobre **TRINA MERCADER** acercándonos no sólo a su poesía y a su vida sino también descubriéndonos la hermosa lucha de esta mujer que, desprendida y generosamente, abrió su mano-caudal y su corazón para más y mejor conocimiento de poetas árabes y poetas españoles.

Nació Trina Mercader en Alicante. En 1936, durante un viaje familiar con su madre, les sorprende en Larache la guerra civil; no pueden volver, y se instalan en dicha ciudad, en donde Trina, que entonces contaba 17 años, irá tomando enamorado contacto con sus gentes y sus paisajes.

En 1944 ven la luz sus primeros poemas en la revista *Leila*, dirigida por Manuel Molina y Vicente Ramos en Alicante; y hacia 1946, junto al poeta Cesáreo Rodríguez Aguilera, va madurando la idea de hacer una revista poética hispano-árabe.

Nace *Al-Motamid* en 1947. Y esa revista orientará y

193

centrará la vida de Trina definitivamente en Marruecos. La publicación, bilingüe, se configura de grandes hallazgos: Hallazgos del Grupo literario de Melilla al que pertenecían Jacinto López Gorgé y Miguel Fernández; hallazgo de la versión árabe de poetas españoles y la castellana de poetas marroquíes; hallazgo de un entrelazado cultural indispensable y mutuamente enriquecedor.

Fueron en palabras de Trina Mercader:

Años de lentitud, años de aguja sobre un bastidor difícil. Años de puntada pequeña y de paciencia, de tacto.

Creemos que ni la misma Trina con todo su amor a *Al-Motamid* se daba cuenta de la importancia que tuvo aquella revista que cubría, de forma magistral, el vacío poético-cultural del entorno marroquí.

Su obra poética, dado el excesivo desvelo por *Al-Motamid* no es extensa pero tiene una gran profundidad y una ternura conmovedora.

Los últimos años de su vida vivió en Granada. Y en esta ciudad árabe, en donde dejó su último aliento el 18 de abril de 1984, será publicada próximamente la obra que ha dejado inédita.

BIBLIOGRAFIA

POESÍA

Tiempo a salvo (1956); *Sonetos ascéticos* (1971).

VUELVO HACIA MI

Vuelvo hacia mí. Regreso.
Vengo
de donde nunca quisiera ir,
de donde dicen que debiera estar:
donde están todos.
Pero allí nunca hay nadie.

Y entro. Y voy a mí,
donde estoy siempre, aunque me llamen;
aunque quiera salir; aunque me obliguen.
(Oh, no. Quédate. Y sigo.
Y allí están mis paisajes,
mis labios, mis palabras.
Y mi yerba o prodigio.)

Pero vuelven.
Inesperados, vuelven.
Y estallan con su voz de estornino.
Y derriban mis labios.
Y abortan mi prodigio de yerba.

Y van cerrando párpados, postigos.
Y vienen.
Interminables vienen.

Y otra vez las palabras adultas
—esas que nunca entiendo—
me atormentan, convergen.
Y me llevan
donde nunca quisiera ir:
donde están todos.
Allí donde no hay nadie.

Por eso
—camino hacia mí misma
no me busquéis— regreso.

(De *Tiempo a salvo*)

NO PESANTEZ DE CARNE QUE SE ESTANCA

No pesantez de carne que se estanca,
sino ligero gesto en el espacio.

Curva que, prisionera,
hienda el aire en el salto.

Ritmo donde las alas
recuperen su brío.
(Los músculos se aprestan a salvar los obstáculos)

Oh, senos fugitivos, detenidos en vuelo
por el ineludible tallo de la cintura.
Oh, cóncavas caderas, verticales al suelo.

Las piernas, incendiadas,
giren sobre los pasos iniciados apenas.
El ritmo irá enervando la amplitud de la falda.

Combos los finos brazos,
enmarcando la audacia de la cabeza.

Combos, en el espacio,
cuando el impulso asalte la perfección del cuello
y en torno a todo gire
la llamarada suelta del cabello.

(De *Tiempo a salvo*)

LA LLUVIA

De qué apenados ojos llueve el llanto
que baja, manantial recién parido,
resbalador y humilde, contenido
por el temor de ser duelo, quebranto.

De lloradores ojos llueve tanto.
Tan íntima de lloro y de gemido
tiene la voz, exenta de sonido,
que en lágrimas se le desata el canto.

Agua de manso vuelo y pluma leve.
(Un ruiseñor mojado se despoja,
gota a gota, de lluvia, y la deshoja.)

Agua de pie desnudo y paso breve,
que en mínima presencia se deshace
y en pétalo y aroma, muerta, yace.

(De *Sonetos ascéticos*)

Morir de muerte no, sino de vida.
Morir a mano armada, a contrapelo.
Morir en llanto, en lágrimas, en duelo
violentador, que nunca sometida.

Morir de muerte al fin, pero transida
de un íntimo cansancio, un desconsuelo
que abreve en todo mar, en todo cielo
mi voluntaria muerte de suicida.

Y está el silencio hiriendo con su diente
demoledor y ajeno, por lo mío,
seguro de su polvo y su gusano.

Y estoy muriendo a solas dulcemente,
sumisamente lluvia, toda río
de un agua que me lleva de la mano.

(De *Sonetos ascéticos*)

Aurora de Albornoz

AURORA DE ALBORNOZ nació en Luarca
(Asturias). A comienzos de la década de los
cuarenta se trasladó con su familia a Puer-
to Rico, donde residió durante muchos años. Es Licenciada en Filosofía y Letras por la Universidad de Puerto
Rico y Doctora por la Universidad de Salamanca. Vivió
algún tiempo en Estados Unidos y dos años en París,
donde siguió cursos de Literatura comparada en la Sor-
bona. Ha sido Catedrática en la Universidad de Puerto
Rico. En la actualidad reside en Madrid. Es profesora de
la Universidad Autónoma (Departamento de Humanida-
des contemporáneas). Ha dado conferencias y dictado
cursos en universidades españolas y extranjeras y parti-
cipa, muy activamente, en diversas empresas culturales.

Dentro de su dedicación y amor a la literatura, hemos
de separar su trayectoria como crítica e investigadora de
su faceta de creación.

Especialista en literatura moderna española, son im-
prescindibles, como libros de consulta, sus estudios sobre

Antonio Machado, Juan Ramón Jiménez, Miguel de Unamuno, Pablo Neruda y José Hierro, entre otros, siendo imposible enumerar aquí su extensa bibliografía.

En cuanto a su creación poética, Aurora tiene una marcada preferencia por la poesía narrativa. Con voz lenta y profundísima nos va situando dentro de su itinerario vital. Sus libros tienen en común, a nuestro modo de ver, la contemplación de la vida desde el tiempo que le ha tocado vivir y la reflexión sobre la parte dolorida de esa misma existencia, que nos va involucrando dentro de una red emocional. Esta red nos oprimirá —como testigo de cargo— acercando nuestra conciencia al mundo que nos rodea.

> *Por vuestra noche de muros*
> *en espera de la muerte*
> *me queda mi llanto mudo.*

Pero ninguna palabra, ningún grito, ningún verso de Aurora quedarán mudos: todos se levantan por un viento inagotable que se llama libertad.

> *... y toda la tierra es viento.*

BIBLIOGRAFIA

POESÍA

Brazo de niebla (1957); *Prosas de París* (1959); *Poemas para alcanzar un segundo* (1961); *Por la primavera blanca* (1962); *En busca de esos niños en hilera* (1967); *Palabras desatadas* (1974); *Palabras reunidas* (1984).

Esta ciudad... Acaso la más bella del mundo. Acaso la más sola del mundo.

Esta ciudad tan llena de contrastes, tan llena de tristeza. Absurdamente bella y absurdamente triste.

Desde el Arco de Triunfo, la estrella de avenidas... ¡Qué difícil pensar en esas otras calles! En esas estrechísimas, tortuosas, que suben y bajan por Ménilmontant, con su hilillo de agua vieja por el centro. Qué difícil pensar en esas callejuelas rectas, negruzcas, malolientes, que cuadriculan la espalda de la Gare de Lyon, repletas de baratos restaurantes chinos y oscurecidas de argelinos de cabezas asustadas.

Desde el Arco de Triunfo, la estrella de avenidas; avenidas bordadas de bellos y sólidos edificios; avenidas que exhiben todo un mundo de lujo corriendo sobre ruedas apuradas. Qué difícil pensar en el otro París: el París de las gentes sin techo.

Desde el Arco de Triunfo... Pero en la rue de Seine, muchos hombres duermen sobre las aceras. En la rue de Seine, alargados, unos; encogidos, otros, contra las paredes. En las noches de verano; en las noches de invierno.

En el Arco de Triunfo... En la rue de Seine. Qué absurdamente bello. Qué absurdamente triste.

(De *Prosas en París*)

Escucha:

Una vez había un poeta que se llamaba Marcel: quería ser niño eternamente.

Buscaba el tiempo en los rincones. El tiempo suyo, que se le ocultaba. El tiempo que se le escapó por los jardines; por entre los lacitos y los encajes y pliegues de los vestidos de las niñas y de las abuelas.

Acaso se quedó enredado por entre las ramas del espino blancas: roto, deshecho, deshilachado.

Y una vez lo tragó al tragarse a sí mismo.

Una vez lo comió en una madalena.

En comunión, tragó el cuerpo y la sangre del Marcel de Combray.

Y el pequeño y el hombre fueron uno.

Y volvió el tiempo ido.

Y el niño se salvó para siempre.

(De *En busca de esos niños en hilera*)

EPILOGO

A José Olivio

Preciso es despiezarse.
Un estilete corta
el viento
y separa los trozos.
Hay que tomarlos palpitantes.
Luego henchirlos de ti.
Darles ojos y llanto.
Hacerles que te miren
como espejo que fluye,
como río y fanal.

Trozos alzados vivos que iluminen.
Trazos iluminados que revelen tu imagen
rota.
Tu carne y noche y el recuerdo
rotos
desconocidos
ciertos.

Preciso es contemplarlos cara a cara
los trozos destrozados
para alzarlos en uno.

Para alzarlos en
UNO
en el poema.

(De *Palabras reunidas*)

EN MONTROUGE: CON CESAR

Mil novecientos treinta y
seis
o siete.
Hoy un viento de niebla
diluye los perfiles.
Era París y lluvia.
Un aletazo apenas
y el hueco de la cara de mi muerte
mirando
y
falta poco.

Fue la infancia de harina queriendo alzarse panes
Fue la infancia de panes queriendo alzarse pedros.
Nombres y pedros.
Todos.
Y escuché que latían,
que pujan, que me brotan, me sacuden
—qué más da—
y sangre a golpes junta
—sí más da—
y aprisa
y falta poco.
Un aletazo apenas
y el hueco de la cara de mi muerte.
Luché a brazo
cumplido.

Mil novecientos treinta y ocho y callo.
No encontraron el nombre de mi muerte.
Monte-Rojo y silencio.

A golpes de mi sangre
alumbré las palabras
hasta alzar las estrellas.

(De *Palabras reunidas*)

Elena Andrés

ELENA ANDRES nació en Madrid, es Licenciada en Filosofía y Letras y ejerce como Profesora de Lengua y Literatura. Su primer título *El Buscador* fue editado en 1959 en la colección Ágora. Han pasado más de veinticinco años desde su publicación y hoy, cuando nos enfrentamos a sus páginas, su sombra se proyecta con un gran atrevimiento expresivo para envolvernos en una luz circundante de misterio y con un maduro esfuerzo de reflexión que, indudablemente, nos sitúa desde la vida al umbral del «más allá de la muerte». La visión de un mundo terriblemente humano a través del verdadero protagonista del libro, «el medium», nos lleva de inmediato a una atmósfera donde los símbolos nos afectan dentro de un orden distinto a «lo real», pero que nos revelan en definitiva las grandes verdades.

En toda su obra se intuye como elemento de salvación *la permanencia del espíritu*, abriéndose a la esperanza las puertas de *un retorno*.

Una de las funciones primordiales del poeta es buscar su identidad. En este proceso, implica a todo lo circundante: La poesía supone una asimilación peculiar de la realidad, hasta percibir ese sentido «originario», oculto en cada cosa y en nosotros mismos.

El impudor para volcar los sentimientos, viene dado por la tensión paroxística de su búsqueda. Esta trae consigo una necesidad de comunicación, en lo esencialmente humano.

Palabras de la poetisa. Creemos que Elena desde su primer libro encontró *esa identidad* y un puesto indiscutible en nuestro panorama literario por lo que significa la gran aportación de sus obras. Importantes críticos se han ocupado de su poesía. Figura en varias Antologías y su libro *Dos caminos* fue Accésit del Premio Adonais, obteniendo también el Premio «Ambito Literario». Sus publicaciones se han producido con continuidad pausada, pero ininterrumpida.

Profundamente espiritual y con un mundo interior muy rico, no podríamos delimitar dónde empieza y termina Elena y dónde empieza y termina la otra Elena, la de dimensión esotérica, mágica, que, habitadora del arcano, trasciende hecha luz hacia una memoria genesiaca.

BIBLIOGRAFIA

Poesía

El Buscador (1959); Eterna vela (1961); Dos caminos (1964); Desde aquí mis señales (1971); Trance de la vigilia colmada (1980); Paisajes conjurados (en prensa).

PASAMOS POR LOS ARCOS

Ya lo ves, Buscador, afuera y dentro
vapor, un vapor frío que se deshace
entre piedras lejanas y cercanas
allá fuera; y aquí un vapor caliente
que se filtra por este ritmo nuestro.

Ya lo ves, Buscador, mira hacia arriba,
ya ni siquiera llueve.
Quieto todo,
ya ni siquiera tristes.

Hacia dentro, allá dentro estamos solos
con las espaldas curvas inclinadas,
pasando lentamente por el túnel
que crea el respirar rítmico, rítmico.
La vida se desliga de nosotros:
la oímos,
pasamos por sus arcos,
en éxtasis de espaldas curvilíneas
como ante un dios dormido
que poseyera entre sus sueños largos
lo mejor de nosotros.

Nosotros, que ahora somos
sólo sonámbulos que olvidaron algo.

(De *El Buscador*)

L L U V I A

Los ojos horadando
la tarima, los labios
apurando los humos
del tiempo más preciso;
las yemas de los dedos
acariciando telas
de quietud; respirando.

Un aletazo rompe
los critales del viento,
una libertad pura
desde arriba se vuelca,
sorprendiendo los átomos
en sus trajines cómplices,
asustando sustancias
flotantes, derribando
carnavales del polvo.

Todo el verdor se tensa,
hay acaso un lejano
recuerdo en estas plantas
de que fueron reptiles
(superficies vibrantes
de tensas carnes verdes
con secretos malignos),
hoy verdes salvadores
de inmóviles edenes.

La lluvia. Van cayendo
hojas de nuestra carne,
hojas de nuestro libro
más oculto, miramos
cómo las lleva el viento,
se alejan casi vivas.
Van dejando desnudo
el corazón, los ojos
van perdiendo en silencio
sus ocultos paisajes.
Ya el esqueleto sólo,
un marfil de energía
fosforescente y única.
La huella de una mano
clavada en la pared.

(De *Desde aquí mis señales*)

TIRAS DE NUEVO AL VIENTO

Tiras de nuevo al viento
la carta de suicida, se la lleva.
¿Qué confesión oculta en clave has olvidado?
Vas por ella, ya es tarde,
una ráfaga llega, la arrebata:
imposible atraparla, huyó con vida.
Con dignidad, entonces,
con un aplomo cínico,
te vuelves a sentar sobre los vértices,
mágicos prismas de las vivas rocas
traslúcida belleza de los días.

209

Muy abajo, los árboles vestidos
de refulgente escarcha.
Muy abajo, los charcos, casi quietos
un espejeo de imagen fragmentada, azulosa
sobre aquel campo helado
de cieno de azul-ocre que se irisa.
Te instalas sobre un vértice, te clavas
y ya eres algo erguido, el eje exacto
—núcleo donde convergen y se cruzan—
los cuatro puntos cardinales. Miras
y como el mar, el horizonte creas.
Pero tu carta vuela ¿habrá caído
sobre el regazo en paz de la inocencia?
O quizá esté apresada entre los dedos
nerviosos para nada,
de la más circunspecta estupidez.
Tal vez en la veleta gire, gire
de alta espadaña
donde quedó enganchada mi ala suelta
de humillado papel.
O se irá destintando ya en un charco.
Sí, se irá destintando; titubeos,
el rostro se te aniebla, el yo se opaca.
Mas ya otra vez erguido. Apelas conexiones.
Notas cómo la fuerza de gravedá invertida:
los imanes celestes: dulce terror en vértigo.
Te sientes «mecanismo» del planeta,
un ente erguido y solo, siempre atento,
detector y emisor, eco vibrante.
Las yemas de los dedos más sutiles
se imantan por pulsar las confluencias
de los rayos que el cosmos a nuestro mundo envía
reactivos sobre el Todos, sobre el Todo.
Agudas, penetrantes, sus agujas
se clavan en tu mano;
se crispa algo, la abres
y la palma, magnética y suave

aguanta la corriente.
Voltios inconcebibles,
punzón de escalofrío. ¿Pero dónde?
¿Dónde estará la carta de suicida?
Ya se marchó aquel viento, portador para siempre
del amor más cercano, del humano terruño.
Ya estás solo, eres solo detector de señales.
Hipnotizado de constelaciones,
mimado, enamorado
del fulgor de una estrella,
que te anega en la noche en un secreto
hasta arrancarte el llanto.
La potencia de amar nunca se pierde
aunque el único objeto
del amor sea ya un astro, quizá muerto.
Tu carta es «no» rotundo, mas tú sabes
que todavía tus ojos, desde dentro
acarician rebaños
de blanduras angélicas.
Pero son utopías,
nacen de tu mirada en el crepúsculo.
Concéntrate en silencio, siente sólo
un amor ya tocado de infinito
sobre el trajín del Todo, que en variedad fluctúa.
Lograste suavemente
despojar ya de anécdotas
concretas el amor, mas no pudiste,
arrancar de tu entraña la potente
capacidad de amar...
¿Qué confesión oculta hay en clave en la carta?
El suicidio pervive, mientras la carta vuela
en un rastro humillante
del ala más mendiga, pues su impulso
no tiene validez de sangre pálida.
Y no puedes dormir ¿la traerá el viento?
pero no importa, te vas transformando.
Ensimismado rostro,

luz lunar en un óvalo sensible y con memoria
que vive sobre un cuello. Pararrayos:
erguida tu figura en el planeta
el aire te constela, aguantas, vibras.
Ya no intentas buscarla
pues tu amor se hace abstracto, aunque caliente.
Sabemos, que además,
una tarde de viento
vertiginoso y ávido
rodará hasta tu sombra la carta de suicida
(como un perro que espera espirar lentamente
cuando encuentre a su amo).
Rodará hasta tu sombra
ya manchada con barro de la muerte.
No la leerás, lo sabes,
la enterrarás y encima, pondrás lilas piadosas, no un
de racimos de lágrimas, ya es tarde.   [puñado

(De *Paisajes conjurados*)

María de los Reyes Fuentes

ACER en Sevilla es habitar ya la poesía, es compartir la sombra luminosa de Bécquer, es respirar el aire de Machado, encontrarnos con el asombro de Cernuda, es conjurar a la belleza y derramarse en la palabra viva. Así llega a nosotros MARIA DE LOS REYES FUENTES, que durante más de treinta años ha desarrollado una amplísima labor como poetisa, editora, crítica y ensayista.

En 1957 apareció su primer libro: *Actitudes*. Fundadora de la revista *Ixbiliah* y directora durante cuatro años de la revista *Poesía*, en Radio Nacional de España. Ha colaborado intensamente en radio, prensa y televisión, participando de forma decisiva en nuestro mundo cultural.

Obtuvo Mención Especial en el Nacional de Literatura de 1961, además de los Premios «Ciudad de Barcelona», «Ciudad de Sevilla», «Marina» y «Amigos de la Poesía», entre otros. Está incluida en numerosas Antologías y es Académica de las Reales de Córdoba, Málaga y Cádiz y de la Internacional Academy of Poets (Cambridge).

Tiene su poesía una cadencia apasionada, con matices muy diferentes. Juan de Dios Ruiz Copete, crítico sevillano, la define cuando dice que *va de la confesión íntima a otra de construcción mental*. Creemos que María de los Reyes Fuentes tiene un dominio total del lenguaje poético, pero sin faltarle nunca esa profundidad, esa emoción de la palabra que hace que la poesía *sea*.

BIBLIOGRAFIA

POESÍA

Actitudes (1957); *De mí hasta el hombre* (1958); *Sonetos del corazón adelante* (1960); *Elegías de Uad-El-Kebir* (1961); *Romances de la miel en los labios* (1962); *Elegías Tartessias* (1964); *Oración de la verdad* (1965); *Acrópolis del testimonio* (1966); *Concierto para la Sierra de Ronda* (1966); *Pozo de Jacob* (1967); *Fabulilla del diamante salvado* (1967); *Motivos para un anfiteatro* (1970); *Misión de la palabra* (1973); *Apuntes para la composición de un drama* (1975); *Aire de amor* (1977); *Elegie Andaluse* (1985); *Jardín de las revelaciones* (1985).

DE LOS SUEÑOS

*Para Gustavo Adolfo Bécquer
que soñara por todos nosotros.*

Si el puñado de tierra que nos cabe en la mano,
la escasa posesión de este minuto,
el cuerpo que más cerca nos sonríe,
no se hicieran al frente de lo eterno,
lo eterno ¿qué sería?

Acuso lo infinito
como lo que resulta del contraste
de una verdad más larga, a más espacio,
que otras muchas certezas comprobadas.
Y si clamamos «grande» clamamos que hay «pequeño»
y una resta nos cruza los sentidos
que tenemos abiertos al teorema.
Algo como es el fuego y su arrogancia,
¿no da la trimensión al ensueño y la brisa
y ensueño y brisa, así,
pasan a realidad de primer grado
en el alma dolida del que sufre
que el mundo sea una serie de volcanes
abiertos de suspiros o esperanzas?
Qué sabe el que no sueña del que sueña.
Pero le da relieve el primero al segundo,
y éste canta su frío junto a aquél
y dice en ese mismo frío el fuego
que de luz y de sombra nos levanta
la más soberbia torre permitida.

215

Benditos los que sueñan contra todo,
que no sólo hacia el pan derraman sus sudores
o que toman sustento de imposibles.
Bendito el que da norte de su nave
por la ruta dorada, el que enajena
de toda realidad cualquier contorno
y que sabe ceñirse a cuanta nube
escoltándonos va lo inaprensible.
Que lo infinito es cual suave pista
por que saltar el tiempo limpiamente.

El puñado de barro —ya lo sabes—
tiene la eternidad en la frontera.
La madeja del tiempo hace Ulises divinos,
en tanto acuden muertes de sueños mal hilados
por Penélopes torpes y agotadas.

(De *Elegías del Uad-el-Kebir*)

Vienen como disparos desde inmensas
galerías del alma;
desde lejanos sones, confundibles
sonidos casi arrullos, silbos, ecos.

Nos llegan desde ignotos
momentos del pasado.
Son cual neblinas, brumas,
hojarascas de otoño, polvo, sombra.

Ya apenas dan imágenes;
el trazo del ayer difuminado
hacia cambiantes nubes,
grises, opacas líneas.

El color, la figura, la presencia
de qué concretamente y en qué día.

Jardín en abandono
donde un aroma, un pétalo
persisten como gritos en un valle.

Memorias, sí, memorias cual esencias
de remotos confines,
linderos con la muerte.
Mas qué punzada aún, qué mordedura
de vez en cuando esa
fragancia ya perdida.

(De *Jardín de las revelaciones*)

Esta es la selva, amor. Por ella vamos,
desbrozando y talando vegetales,
negruras donde bienes como males
se derriban al tiempo que avanzamos.

Y es el safari, amor, en que gritamos
al punto en que aparecen animales
o sombras simulando como tales,
fantasmas por el miedo que llevamos.

Hay que entrar y salir, de tal manera
que el camino se logre a la medida
de tu cuerpo y mi cuerpo solamente.

Que todos los demás se queden fuera
y busquen otra ruta, si atrevida,
también con su león y su serpiente.

Tú y yo por los acosos de la vida,
y al fin, sencillamente,
hallarnos frente al sol y sin herida.

(De *Aire de amor*)

1961 a 1970

ACACIA UCETA
CLARA JANES
ANA MARIA FAGUNDO
SAGRARIO TORRES
ANA MARIA MOIX
ANA MARIA NAVALES

Acacia Uceta

PALABRAS encendidas. Palabras incendiarias. Cada palabra de ACACIA UCETA nos marca, nos abrasa, nos da la dimensión exacta de su propia verdad. Palabras que no discurren mansamente sino que se arrastran por un tormentoso caudal de libertad, porque la libertad del hombre es tema constante de preocupación para la poetisa que, desde un hondo y profundo vitalismo, lanza su grito para ser oída:

Sólo el hombre me importa,
sólo el hombre:
su vacío infinito,
su valentía y su temor trenzados,
su alma interrogante
azotada de siempre por la duda,

Acacia encuentra en la poesía su razón de ser y con la llave del poema abre su imperiosa necesidad de compartir sus sentimientos. Piensa que hay que saber decir las cosas pero sobre todo hay que tener cosas que decir.

Nace Acacia Uceta en Madrid, quedando su infancia doloridamente marcada por la guerra civil. Se dio a conocer en revistas literarias y es en 1961 cuando publica su primer libro *El corro de las horas*. Ha obtenido diversos premios. En 1968 fue pensionada por la Fundación Juan March, para la realización de su libro *Detrás de cada noche*, y en 1981 el Ministerio de Cultura le otorgó una ayuda a la creación literaria.

BIBLIOGRAFIA

Poesía

El corro de las horas (1961); *Frente a un muro de cal abrasadora* (1967); *Detrás de cada noche* (1970); *Al sur de las estrellas* (1976); *Cuenca, roca viva* (1980); *Intima dimensión* (1983).

Prosa

Quince años (1962); *Una hormiga tan sólo* (1967).

LEJANA PRESENCIA

Vienes en los atardeceres,
cuando pliega sus alas el pájaro del día.
Vuelves sin que te llame,
acudes al recuerdo dulcemente cansado
lo mismo que llegabas a la cita
tras la larga jornada.
Compañero de las horas difíciles
de aquella juventud hiriente y pura
del lecho duro
y un ¿por qué? floreciendo
en cada amanecer, en cada noche.
Náufrago en la ciudad,
tan bella y fría,
abrazado a la isla de mis besos;
tu sabor vegetal,
tu aliento puro,
intentando pactar desde mi cuerpo
con un remoto y tierno paraíso.
Camarada de la eterna batalla por la vida,
tú que aromaste el monte
de aquella soledad en que me alzaba.
¿Dónde derrama el tiempo tu fragancia?
¿Qué tarea monótona
va aflojando tus músculos,
cercando el universo de tu mirada ardiente?
Corcel herido siempre por la ausencia
galopando mis venas todavía

yo te guardo en mi pulso.
Cantaré sobre el tiempo y la derrota,
yo he conocido al hombre,
yo le tuve
entre mis brazos tierno como un lirio.
He visto su grandeza
su cósmico albedrío encarcelado
por la terrible malla de los días.
Escuché su protesta
el inútil esfuerzo
de mantener alzada la esperanza,
de conservar un soplo de belleza.
Cuando el amor ha vuelto ya la espalda,
siervo cobarde de la ley del tiempo,
yo sólo puedo recordar tu nombre,
aquel perfil altivo de tu frente,
el aleteo suave de tus manos,
y esa total entrega en cada cosa
que generosamente compartimos.
Para que lo conserves
frente a las horas grises que te cercan,
como el único triunfo
de aquella plenitud desvanecida;
te diré que en las noches
aceradas de insomnio
tu recuerdo me deja
una rosa en la almohada.

(De *Al sur de las estrellas*)

MADRID

(Primavera 1938)

Y floreció entre los escombros.
Era la primavera
y por el muro más acribillado
creció una enredadera fugitiva.
Briznas de hierba
besaron la ciudad martirizada.
Un sol tímido,
un sol avergonzado de su brillo,
se posó en los andrajos,
en las manos moradas,
en los muñones de los mutilados,
y entró por las ventanas sin cristales,
por puertas arrancadas a la noche.
Los niños,
escuálidos, hambrientos,
diminutos fantasmas ateridos,
salimos a la calle
e intentamos jugar desorientados.
Los hierros retorcidos,
los casquillos de bala,
algún trozo de cuerda,
algún papel borroso,
eran nuestros juguetes.
Buscábamos sin pausa.
No pedíamos nada.

Yo recuerdo mis manos recogiendo
los pequeños cristales
para hacer una estrella sobre el barro.
Yo recuerdo mi voz de nueve años
sin una sola queja.
Las preguntas y el llanto no tenían objeto.
«Es la guerra —decían—, es la guerra.»
«La guerra» —repetían
los padres, los maestros.
Querían explicarnos lo imposible.
No entendíamos nada:
éramos niños.
Queríamos jugar, ir a los parques,
la cocina abrigada en el invierno,
el pan y el chocolate de la tarde...
Queríamos
que no llorase nuestra madre al vernos,
que el bombardeo
nos dejase dormir alguna noche.

Se iba acabando todo.
Una garra de fuego
ceñía a la ciudad, la iba abrasando.
Quemaba los oídos
el ruido del combate.
Las pupilas
enrojecían en el horizonte.
«Es la guerra —decían—, es la guerra.»
«La guerra» —repetían.
Y la ciudad seguía resistiendo.
Crecían los escombros,
crecía la metralla
que iba segando vidas,
que iba lloviendo nardos.
Niños como nosotros
los he visto caer bajo las bombas
buscando en los montones de basura.

Murió mi compañero de colegio
y mi joven vecina
de diecisiete años
se deshojó como una margarita
inmolada a la tisis galopante.
Los hombres nos miraban
desde un furor oscuro e impotente.
Las mujeres,
crucificadas sobre su ternura,
maldecían su vientre y su miseria
frente a nuestra inocencia desvalida.

Se puede estar tres años apretando,
cercando a una ciudad sin que se muera.
Van cediendo los árboles, las casas,
los débiles primero;
el pueblo se desangra apresurado:
los viejos, los enfermos y los niños
van suavemente al río de la muerte
y el caudal va creciendo, va creciendo...
Faltan la luz, la lumbre,
la sonrisa, el reposo;
faltan la medicina salvadora
y el pan de cada día.
Y crecen los incendios,
las cañerías rotas,
las heridas del cuerpo y la esperanza.

Y sin embargo, un día
llegó la primavera
y su viento templado
me acarició las sienes.
Los niños que quedábamos
nos cogimos las manos
y empezamos alegres
a girar nuevamente ante la vida.
Cantábamos canciones de trinchera

(de libertad hablaban y victoria).
Algunas hojas nuevas
se mecieron al sol como nosotros.
Cierto que no quedaba
ni un pájaro en la rama,
que la guerra siguió lo mismo que antes
ensuciando las mieses y la aurora.
Pero nosotros, niños sin fortuna,
olvidados y puros,
con las alas atadas para el vuelo,
alzamos nuestro canto
frente a la primavera,
giramos y giramos la sorpresa
fundidos con la hierba renacida
que empezaba a trepar por los escombros.

(De *Al sur de las estrellas*)

Clara Janés

"LEYENDO el ensayo de María Zambrano *La metáfora del corazón*, supe por qué, en un comienzo, entendí el poema, en primer lugar, como ritmo y sonido. El corazón, dice, *está a punto de romper a hablar. El sonido que genera, gracias al instante que se detiene para cobrar aliento, le revela en su ser, y este "revelarse" es la palabra.*

Pero a este primer momento, diría yo, le sigue un segundo momento, pues en cuanto la manifestación se concreta es ya en sí manifestación de algo, y en primer lugar del ser. Por ello dice Heidegger en su ensayo "Arte y Poesía": *La poesía es el decir de la desocultación del ente. Todo arte es dejar acontecer el advenimiento de la verdad del ente en cuanto a tal, y por lo mismo en esencia poesía.*

Sin embargo poesía es también la manifestación de un ser concreto. Es decir, de un ser que está inmerso en una vida, un ser que habla y dialoga, y en este dialogar se sitúa *frente* al mundo, no *en* el mundo, como bien obser-

229

va Rilke al comentar su "Octava Elegía", y por ello ve la temporalidad y ve la finitud.»

Hemos entresacado estas palabras de la conferencia que CLARA JANES dio en la Fundación Universitaria Española sobre «Mi Poética y mi Poesía», porque entendemos que fijan su actitud frente a la creación y nos recuerdan que el poema nos llega por el conducto auditivo-sensorial, de tal manera que se transformará en *sentimiento* y en *música*, siendo el *ritmo* la médula esencial en donde debe apoyarse la palabra.

CLARA JANES nace en Barcelona, es licenciada en Filosofía y Letras. Además de magnífica poetisa, cultiva la novela, la biografía y el ensayo y se distingue como traductora, especialmente de la lengua checa y en concreto de la obra poética de Vladimir Holan. Ejerce la crítica literaria en varias revistas. Como ensayista ha obtenido una Beca de la Fundación March y el Premio «Ciudad de Barcelona» (1972) por su obra *La vida callada de Federico Mompou* y, de nuevo, el Premio «Ciudad de Barcelona», esta vez de Poesía por su libro *Vivir*.

BIBLIOGRAFIA

Poesía

Las estrellas vencidas (1964); *Límite humano* (1973); *En busca de Cordelia y Poemas Rumanos* (1975); *Antología personal* (1979); *Libro de las alienaciones* (1980); *Eros* (1981); *Vivir* (1983); *Kampa* (1986); *Lapidario* (en prensa).

Otros géneros

Desintegración (novela) (1969); *La vida callada de Federico Mompou* (1975); *Cartas a Adriana* (1976); *Sendas de Rumania* (1981).

FUGACIDAD DE LO TERRENO

Todo es de polvo, soledad y ausencia.
Todo es de niebla, oscuridad y miedo.
Todo es de aire, balanceo inútil,
     sobre la tierra.

Manos vacías que acarician viento,
ojos que miran sin saberse ciegos,
pies que caminan sobre el mismo trecho
     siempre de nuevo.

Vemos sin ver y en la tiniebla estamos.
Somos y somos lo que no sabemos.
Hay en nosotros de la llama viva
     sólo un reflejo.

Caen los días en otoño eterno.
Pasan las cosas entre sueño y sueño.
Llega la noche de la muerte. Y calla
     nuestro silencio.

(De *Límite humano*)

AHORA INMOVIL

Como el azote de un eterno viento
veo la vida que golpea al tiempo.
Muestra el ahora su absoluto en llamas,
    pleno, perfecto.

Ciega mis ojos la existencia pura.
Ata mis manos el espacio. Tengo
presos los pies entre la red del aire,
    presa la mente.

Nada desea, atenazada, el alma,
sólo un pilar donde dejar los huesos.
Se hace el silencio y el olvido todo.
    Todo el sosiego.

(De *Límite humano*)

HACHA

Pero bastó que cayera allí, a su lado,
una hoja seca derribada por el viento
y el puente no pudo soportar su peso...

V. HOLAN, *Avanzando*

Se ha derrumbado el puente
el hacha como la hoja más liviana
clavada entre los muros
de una frente en ruinas
ha roto el aposento
de la entraña

esforzadas las manos
en las humildes cosas
como el siervo
calladas
mientras descarga el hacha sobre ellas
la lengua las orejas

y el vientre
sumiéndose en la sombra
sólo engendra ahogados
carne de tumba
en la boca del lobo

¡ah de la llama!
que grita vanamente
en la estepa de hielo
el pétreo desierto

ya no busquéis mis manos
debajo de las losas

mi cabeza sangrando
dará fe de las rosas

(De *Libro de las alienaciones*)

AZURITA

A Paloma Palau

No reposa en los lagos en letargo,
ni en el gesto ferviente de los iris,
ni en el cristal de Venecia o lapislázuli
ese azul de quebranto que desgarra
en tosco asiento túrbida tormenta,
la soledad alberga de las simas.

(De *Lapidario*)

Ana María Fagundo

ANA MARIA FAGUNDO nació en Santa Cruz de Tenerife en donde obtuvo en 1957 el título de Profesor Mercantil. Es Doctora en Literatura Comparada por la Universidad de Washington (1967), ejerciendo en la actualidad como Catedrática de Literatura Española Contemporánea en el Departamento de Lengua y Literatura de la Universidad de California, Riverside (EE.UU.).

Su primer libro, *Brotes*, se editó en Santa Cruz de Tenerife en 1965; en el primer poema de este libro, «Mi poesía», nos dice: *Es como si la rosa / pétalo a pétalo / fuera desnudando su fragante ternura / y se quedara limpia / e infinita en la soledad.* En el tercer poema, «La página en blanco», abre *el diálogo eterno del silencio con el silencio.* Destacamos estos primeros poemas de *Brotes* porque el tema de la *creación poética* será una constante en su obra.

Pero no se encerrará en su torre de marfil como amadora y amante del *misterio poético*, sino que buscará la perfección a través de la esperanza, de lo humano, y de las sencillas cosas cotidianas. Su espíritu, geográficamente repartido entre España y los Estados Unidos, nos transmite una sensación de desdoblamiento pero sin perturbar su hondura personal, su forma de «estar». Y así su poesía se convierte en brote, luz, definitivamente isla en la que habita sólo su palabra.

Aparte de su obra poética ha publicado gran cantidad de artículos críticos sobre poesía española de post-guerra y literatura norteamericana en varias revistas, cultivando también la narración. En 1973 Alfaguara publicó un interesante trabajo de Ana María Fagundo: *Vida y obra de Emily Dickinson*. Fundó y dirige la revista *Alaluz*, que desde 1969 hasta hoy ha seguido una trayectoria impecable, con un excelente rigor crítico. Su libro *Invención de la luz* obtuvo el Premio «Carabela de Oro» en 1977.

BIBLIOGRAFIA

POESÍA

Brotes (1965); *Isla adentro* (1969); *Diario de un muerto* (1970); *Configurado tiempo* (1974); *Invención de la luz* (1978); *Desde Chanatel, el canto* (1982); *Como quien no dice voz alguna al viento* (1984).

RECONOCIMIENTO

Los tajos son profundos
y a veces corre un cierzo que saja las llanuras más
[umbrosas.
No hay que negarlo, el punzón suele hurgar donde más
[duele
y hay momentos en que las junglas más feraces
se ahogan de sed como el desierto.
El camino a ratos es tan árido que calcina todos los pasos
y sabemos de noches donde la vigilia es un cuchillo sobre
[el cuello.

Todos hemos sentido las palabras en cadena
[acordonándonos.
A dios lo hemos visto de rodillas y no hemos sabido
[levantarlo.
Todos hemos sentido el miedo del hierro y del cemento.

Sabemos de un instante en que no se nos reclamará
ni se notará la ausencia de nuestros gestos.
Nuestro pulso cambiará de configuración espacial
y de ternura, mas, sin embargo, no se perderá el canto
que todos entonamos al unísono ahora en este momento
[conseguido;
este iluso afirmarse es nuestro a pesar del cierzo,
a pesar de los tajos profundos
y del silencio que acecha.

Nuestro pulso en alto seguirá siendo
iluso fragor de isla en punta sobre el océano;
la energía que hoy nos configura el hueso,
el músculo y la sazón
no dejará de ser porque nuestros gestos se queden
y la palabra,   [congelados en el vacío
esta palabra en ciernes siempre de verso,
se borre de la página
y no haya huella capaz de retenerle la figura.

No dejaremos de estar aquí en este ahora
a pesar de los vientos que crujen voraces sobre el cuerpo
y minan el pie animoso que prosigue por la senda.
Seguiremos estando, afirmando que la vida es esto,
este mendrugo iluso de amor entre los pechos,
esta pobre palabra alborozada o transida,
este gesto del hombro en la ternura,
esta tenaz almohada del ensueño.

(De *Invención de la luz*)

MI CASA ES UNA ALFOMBRA

Mi casa es una alfombra volando al sol del mediodía.
Mi casa tiene ventanas, paredes blancas,
madera para las pisadas.

Mi casa es un estreno de isla.

238

En ella las palabras se deslizan sobre el tacto;
en ella la vida, paso a paso, va marcando su trayecto
de cocina, de toalla y de regazo.
En mi casa la vida se alza con su canto de horas
y sus arrugas de tiempo, con su pugna de poema.

Los niños en mi casa cobijan cantos sobre los libros
y arenas recién nacidas que son islas
que se crecen sobre sus suaves geografías
y apuntan ternuras nuevas.

Yo tengo una casa blanca,
una isla blanca,
donde hay niños,

niños que estrenan la primavera
con rastros de juguetes abandonados,
voces de niño que en mi isla suenan
con faldas y pimenteras,
con albor nuevo de dicha
y un acento dulce que evoca muñecas,
pizarrines y papel.

Mi casa es una isla blanca con esquinas.

(De *Desde Chanatel, el canto*)

POEMA DE CUMPLEAÑOS

Treinta y seis años después estás sobre la página
en blanco, a punto de amanecerte, de respirar
tu primer brisa sin el hilo umbilical, sin la atadura a su
[sangre,
alimentándote de ti,
única ya en hueso, piel y configurada ternura.

Sola en tus treinta y seis años.
Vivida e inédita.
Hollada y virgen.
Nacida y a punto de amanecerte otra vez,
de darte a luz,
de dar a luz tu palabra,
de ser tú madre del único cuerpo que conoces
y que te conoce,
del único nido de tu útero,
del único espacio que sabes habitar.

Pero no importa.
hoy estás a punto de poema,
en ciernes de un parto repetido y siempre inacabado,
rompiendo con dolor el nido donde vives
a salvo de lo externo:
siempre del gesto a la mirada,
del amor al amor siempre.
Treinta y seis años amaneciendo.

(De *Configurado tiempo*)

CASI UN POEMA

Acosar a la palabra no quiere decir poema
sino necesidad de que se remonte
toda el ansia en cumbre sobre la vida
y se diga un «sí» rotundo a la marcha
y vayamos haciendo camino
o creyendo que lo hacemos desde dentro
para no morir,
para no dejarse vencer por el tiempo
que pone arrugas de horas a nuestra piel,
fragilidad a nuestros huesos
y niebla de espera a la fatiga.

Por eso la palabra como única mariposa
en el interior de la camisa
y un calor más entre los pechos
para seguir sin que se note el frío;
porque hay frío en las rendijas de las ventanas íntimas

y suena a dios ido entre los pliegues
de las faldas y el crujir de los zapatos
sobre el asfalto.

Aunque apretados en sazonado racimo
vamos todos por las aceras de la vida,
sentimos los espacios separándonos,
llenándonos de huecos los tibiores del contacto

y nadie sabe decir porqué el calor del otro
no le llega
o le llega como un frío.

Sí, convocamos a la palabra a la cita de hoy,
a la de siempre,
para que ella intente decirnos algo
que llene los huecos de algún calor
que sepa a lumbre de permanencia.

La convocamos por si pudiera llegar a ser
fuego confortador de poema.

(De *Como quien no dice voz alguna al viento*)

Sagrario Torres

LEOPOLDO de Luis, refiriéndose al libro de SA-
GRARIO TORRES *Regreso al corazón,* ya nos
daba la clave de su poesía en el título de su
artículo: *Sensualidad y magia.*

Penetrar en la obra de la poetisa es siempre una aventura por el mundo de los sentidos. Con metáforas claras,
lejos de artificios y simbologías, nos adentramos en él
por la sola vía de la emoción: único camino verdadero
entre el poeta y el lector. Poesía de contenido, en donde
las palabras son levísimo apoyo para el tono preciso de
sus vivencias, para entrelazarnos profundamente a los
pequeños y grandes sentimientos de su pensamiento poético. Poesía mágica, dotada de un climax especial en el
que reflexión y vehemencia se contraponen,

Nació en La Mancha, en Valdepeñas, donde hay unos
jardines con su nombre. Alguien dijo:

> *Es sólo fiel a sí misma y a una expresión*
> *en la cuál no rinde tributo a nada ni nadie.*

243

Domina fondo y forma. De sus sonetos afirmaba Dámaso Santos:

En sus manos el soneto, las catorce bocas de los versos, llenan el poema a bocanadas de vida.

Sensualidad. Magia. Emoción. Poesía verdadera.

El Ministerio de Cultura le ha concedido una Ayuda a la creación literaria para su libro *Intima a Quijote.*

BIBLIOGRAFIA

POESÍA

Catorce bocas me alimentan (1968); *Hormigón Traslúcido* (1970); *Carta a Dios* (1971); *Esta espina dorsal estremecida* (1973); *Los ojos nunca crecen* (1975); *Regreso al corazón* (1981); *Intima a Quijote* (1986).

MIS MUÑECAS, ULTRAJADAS

Mis hermanos ultrajan mis muñecas
cuando el triciclo aburre ya sus manos.
Cuando se cansan de apuntar los granos
de las mazorcas que tenemos secas.

Después de su furor de rifle y muecas
persiguiendo a los indios por los llanos,
de ser valientes y de ser tiranos,
¡mis hermanos ultrajan mis muñecas!

Les espié desde la cerradura.
Vi su curiosidad y su alborozo.
En arrebato de violencia impura

les besaban los labios con tal gozo,
que al levantar su falta a la cintura,
¡la puerta golpeé con mi sollozo!...

(De *Catorce bocas me alimentan*)

Este es mi cuerpo. Lo contemplo, lo amo
en última y profunda vaharada.
Esta soy yo, en cadera recostada.
A mí misma con mi temblor me llamo.

Esta es mi nuca. Mi cabello, un ramo
que se dobla para mirar calmada
sombra en pubis; la ribera ondulada
de mi íntima mansión, tramo tras tramo.

Sí, yo me amé. ¿Por qué quise el espejo
sino para mirarme, para amarme
larga, lánguidamente complacida?

Antes, cumplí el mandato, el gran consejo
de amar. Después, ha sido enamorarme
de mi espina dorsal estremecida.

(De *Esta espina dorsal estremecida*)

Invierno. Ebano y plata. Sol de estaño.

Llueve sobre Alcalá de Henares. Llueve
sobre mi abrigo a cuadros y mi pelo.
Mi corazón se empapa de otra lluvia.

Llueve mientras contemplo
en un álamo blanco recostada,
la puerta del colegio que fue mío.

Tres mil y muchos días
pude vivir en él; uno tras otro,

Llegué con cinco años.
Era cinco años vieja.

Sobre mis cinco años yo tenía
los casi treinta y siete de mi madre
y los cuarenta justos de mi padre
recientemente muerto.

Y mi madre contaba
sus años y los míos.

Mi padre no, porque había perdido
toda su edad de golpe, engangrenado.
Se quedó sin su edad y sin la mía.

(De *Los ojos nunca crecen*)

Decid, sentidos míos, ¿qué me ocurre?

Plancho sin más ni más. Se me vuelca la plancha.
Ando de quemaduras.
Corre en olvido el fuego, el agua, abraso recipientes.
¿Dónde puse el reloj, dónde las llaves?

Ando de armario a puerta y de cajón a estante.
De la sartén al libro, y de la escoba al verso.

Tropiezo en las paredes. Se me olvidan las luces.
El cristal y la loza se escurren de mis manos. Todo,
[menos tu desamor.

Y coso más que nunca, y más me pincho.
Ando agujereada.
Coso la patita que cuelga del encaje ya anciano.
Coso el rasgado ojal, de tanta brega.
Refuerzo los botones, coso los dobladillos. (En uno
[un día encontré un vilano)

Cosiendo, mi alma se refresca. Parece protegida
por las ramas de un cedro, de los que su perfume
aleja y mata a las serpientes.
Cosiendo sólo encuentro una ventura: la lámpara
[de oro
que aviva mi memoria.
Cosiendo viene a verme aquella estrella mía
oculta y desunida de las que ven los ojos en la noche.

(De *Regreso al corazón*)

Ana María Moix

CREEMOS que siempre son los períodos históricos los que determinan les «generaciones» o «grupos poéticos»: así, la *generación del 98* tiene como punto de arranque la pérdida del imperio colonial español; los *Poetas del 27* surgen de la post-guerra europea; y nuestra guerra civil da paso a la controvertida *generación del 36*. Pero el tiempo, implacable, se encarga de confirmar unas voces o relegar al olvido —justa o injustamente—, otras, perfilando en claro-oscuro *tendencias o grupos* como *Juventud creadora, Garcilaso, Espadaña, Poesía social, etc.*, todas ellas portavoces de alternativas éticas o estéticas de gran influencia en nuestra cultura.

En 1970 Josep M.ª Castellet reúne en una antología a sus *Nueve novísimos poetas españoles*. En su prólogo se alude a la *ruptura con las normas poéticas usuales* de estos poetas. Sólo incluye a una mujer entre sus elegidos: ANA MARIA MOIX.

Nace Ana María Moix en Barcelona, en cuya Universidad estudió Filosofía y Letras. Su quehacer literario se ha desarrollado alternativamente en el ámbito de la narrativa y de la poesía. Nos encontramos con una poetisa de voluntad regeneradora, que elude los significados habituales porque en su forma de *hacer* el poema nos está mostrando la forma en que coincide su propia libertad.

Su primera novela, *Julia*, aparece en 1969 y en el mismo año su primer libro de poemas: *Baladas del Dulce Jim*. Creemos justo destacar que tiene un primerísimo puesto entre nuestros novelistas actuales.

BIBLIOGRAFIA

POESÍA

Baladas del Dulce Jim (1969); *No time for flowers* (1971); *A imagen y semejanza*. Poesía 1969/1972 (1983).

PROSA

Julia (1969); *Ese chico pelirrojo a quien veo cada día* (1972); *Walter, ¿por qué te fuiste?* (1973); *La maravillosa colina de las edades primitivas* (1976); *María Girona: una pintura en libertad* (en colaboración con Josep M.ª Castellet); *Mi libro de los Robots* (1983).

El corazón de Charo flota sobre las aguas del Delta como una flor endamascada. Fue asesinada al amanecer. En los raíles del tren se han encontrado fragmentos del dietario de su amor. Relatos de luna llena, caligrafía imposible, Cristo crucificado, ¿qué pasó? Adamo guarda silencio en el Olimpia y las monjas del Sagrado Corazón cubren el cuerpo mutilado con flores de azahar. Qué historia más extraña la de algunas colegialas.

(De *Baladas del Dulce Jim*)

When I am dead, my dearest,
Sing no sad songs for me.

CHRISTINA GEORGINA ROSSETTI

*Cuando yo muera amado mío no cantes para mí canciones
tristes,* olvida   falsedades del pasado, recuerda
que fueron sólo sueños que tuviste. Hubo un palacio de
quimeras en mi rostro.   Eso fui   Mi epitafio pre-
ferido sería que mañana, cuando la tierra cubra ese cuerpo dolorido que es el mío, tú anduvieras desangrándote
por calles y plazuelas, diciendo mi nombre, no en voz
baja, que se apaga tan sólo con el ruido de unos pasos,
no con palabras encendidas, ya dijimos que se venden, no
con ojos enrojecidos por las lágrimas, que quizá no serían
para mí. Este sueño   este sueño que tuviste y que fue
tuyo. Mira, no vayas a la playa, mañana, a esa hora tan
privilegiada, tan justamente pretendida, cuando mi sangre ya esté helada y mis uñas que comía por no verte y
que sólo pintaba de vez en cuando para ti, ya no serán
rosadas   ni moradas   negro refugio de gusanos
hambrientos   Si fueran, como dijiste un día para con-
quistarme, de seda. Pero no habrá capullos bajo tierra.
¿Por qué deshicimos el mundo soplando sobre él como
antaño sobre un pastel?

(De *No time for flowers*)
(fragmento)

251

HOMENAJE A BECQUER

Dicen que con frecuencia se traslada uno en sueños. Solitario piensas o vuelas. De entre luz y sombras no se regresa jamás. Allí crece la flor azul de Novalis. Ave de suaves alas, si la rozas, morirás. No hay claridad. Cierra tus ojos si aún tienes ojos: no hay bosques. Entre luz y sombra irreal parece la sombra de los vivos, ave que nunca fuiste, ¿por qué franqueaste el umbral? Herida, en las quietas aguas del estanque un temblor vivo reflejas. En el jardín oscuro se estremecen de dolor los amelos azules. No vuela en banda el zorzal. ¿Qué llamada empujó tus cadenciosa marcha, qué voces falsamente guiaron tu vuelo? En roja llama incendió tus alas el sangriento atardecer. Y erraste el vuelo: ¿fue por mirar acaso un pálido y frío rostro en los cristales? Callada surge la noche. Azul es la locura en el fondo de un ojo vacío. Está lejos el mar. La muerte llora en las esquinas revestida de hojalata. ¿Por qué en pleno vuelo detuviste tu mirar? A través de unos párpados amarillentos no puede brillar el sol. Una banda de músicos pasea por los prados y ensaya la nota capaz de abrir la piedra y detener el vuelo de ese pájaro bobo que ama el campo en primavera: y te alcanzó. El crispeteo de tus alas en el fuego aviva ahora el silencio en lo más hondo de la hoguera. Y caíste, a punto de saber si es entre luz y sombras prohibidas a donde va el amor cuando se olvida.

(De *A imagen y semejanza*)

Ana María Navales

*USQUEDA de un lenguaje, de un léxico inno-
vador, tratando de romper la incomunica-
ción producida por el desgaste del valor expresivo de la palabra. Preocupación porque haya una
unidad de sentido en mis obras para que no sean una
simple reunión de poemas sino algo que se estructura de
forma que responda a un mismo significado.*

Estas palabras de ANA MARIA NAVALES nos señalan
el norte de su identidad poética.

Con todo rigor ahonda en el lenguaje, busca palabras
innovadoras, pero esas mismas palabras dejan de *ser* para
sentir. Tiene gran capacidad de aproximación a las situaciones creadas, a sus mundos oníricos y nos traslada con
frecuencia de un *sueño de islas* a un *lunes de sombra*. Hay
equilibrio en sus poemas, matices muy significativos, gran
plasticidad.

Ana María Navales nació en Zaragoza. Doctora en Filosofía y Letras por la Universidad de Zaragoza, en la
que fue profesora de Literatura Hispanoamericana. Per-

tenece a la Junta Directiva de la Asociación de Críticos Literarios. Corresponsal en España del Centro Internacional d'Etudes Poétiques de Bruselas. Tiene en su haber numerosos premios entre los que citaremos el San Jorge (1978); Accésit del Adonais (1978); y el Premio José Luis Hidalgo (1982), todos ellos de poesía, así como otros galardones concedidos a su importante labor como novelista. Ha recibido ayudas para la creación literaria del Ministerio de Cultura y la Fundación March, y una Hucha de Oro a su cuento «Un rumor de primavera».

BIBLIOGRAFIA

Poesía

En las palabras (1970); *Junto a la última piel* (1973); *Restos de lacre y cera de vigilias* (1975); *Paternoy* (1975); *Del fuego secreto* (1978); *Mester de amor* (1980); *Tentación de la sombra* (1981); *Los espías de Sísifo* (1981); *Nueva, vieja estancia* (1982).

Narrativa

Dos muchachos metidos en un sobre azul (1976); *Paseo por la íntima ciudad y otros encuentros; El regreso dc Julieta Always* (1981); *Mi tía Elisa* (1983); *El laberinto del quetzal* (1985).

Ensayo

Cuatro novelistas españoles (Delibes, Aldecoa, Sueiro y Umbral) (1973); *Antología de la poesía aragonesa contemporánea* (1979); *Antología de narradores aragoneses contemporáneos* (1982).

El final es una fiesta que se extingue o un reposo del mundo después de su danza en la órbita del poeta. El campo se llena de pájaros mudos que en vano aletean frente al hombre partido por el rayo del dominio.

La tristeza es una trampa y no importa el silencio de los otros ni sus lentes planas de cristal manchado. Creo en los ángeles apartando el crimen sobre mi cuerpo y la dicha se me escapa en el pan ácimo que a solas se tritura.

No entiendo la mano que me arrastra y cuenta los ojos sobre el vestido que tejió en un océano de sirenas y caimanes. Con los codos en la mesa y la cara entre paredes sonrío al enigma y me cubro con negros hábitos para evitar la envidia en vuestra boca.

Veloces son las horas en este oficio que me cayó como el mar en la roca o el reptil en la piedra que vive cuando la rozan mis venas de mujer que en nadie habita y respira en la ciega palabra.

La verdad es que la verdad no existe y no hay héroes en la lucha. Si me habláis de morir huiré hacia el amor que arrulla el miedo y mantiene la luz con desconocidas voces. Sobre la ceniza de mi tiempo el placer juega con los árboles y olvida entre espinas el verso escrito en la espalda de la tierra.

(De *Los espías de Sísifo*)

No me importa este viaje erguido en la nada
la perezosa lejanía de vuestros cansados cuerpos
el rumbo de las horas al filo del hastío sin derrota.
No me importa esta fábula extraña que me invade
el brusco contraste de mi ola tersa frente al muro
esta evidencia de libertad sin sosiego en la aventura.
No me importa la plenitud cercana al desvarío
el clamor disparando contra las máscaras del orden
mi ritmo sin sospecha, el prodigio que me excede.
Dependo de este mi ser arrebatado y no me importa.

(De *Del fuego secreto*)

Desato con lástima un viejo legajo de invenciones
adormilado en la rabia del mirador redondo
entre graves alimañas y prudentes arbustos.

Hay un vapor sanguíneo que retumba en la disculpa
y disuelve la lápida donde el odio fertiliza
con amargas raíces y zumbido de sueños atrasados.

Han crecido albeñas en las márgenes del recelo
acristalado en la añoranza de un árbol de inquietudes
de una explosión de amor o de tormento inaplazable.

(De *Mester de amor*)

Avanza un rumor de madreselvas en penumbra
humillando la grave agitación de los mastines
desorbitados por el ángel que paraliza su mueca.

Tanto rostro iluminado por un ayer palpitante
por el aliento fugaz en que el mundo se esponjaba
y nos revive la blanca ceniza de la vida.

Era un dócil gemido de acacias perezosas
las avispas tejiendo suaves encajes al peligro
cegado por el beso que desborda el torrente.

Intranquilo el sol apremiaba al amor nocturno
y había un vibrante crujir de gasas matinales
como un canto de violines con brío de campanas.

O quizá sólo había agujas y zumo áspero
un lineal desencanto que hoy locamente inventa
este pacto de la angustia muerta por el pánico.

(**De** *Mester de amor*)

Lento vienes entre marañas y brisas
la lluvia apenas sostiene tu imagen
y puede caer como una simple hoja
si atroz el sol rompe su tregua.

Cuando vuelvas a tu origen y tu nombre
cuando recrearte ya no sea necesario
porque no hay nada en la muda costumbre
coge al azar un bello lirio encubierto.

Se diría que hasta el amor nos finge
ilumina los cuerpos de grandeza
y el brillo corta el musgo un instante
roto por una hebra de piel enamorada.

Para alterar el extraño código oculto
este mundo de paraísos y relámpagos
viaja de nuevo hacia el verdor ausente
aunque lleves a cuestas la mentira.

(De *Mester de amor*)

La nueva casa
tiene temblores de nostalgia
y manchas de sombra y grietas de silencio
por donde se filtra un haz de polvo
de otros muros casi almenas,
restos de lugares habitados con prisa
que sufrieron como sueños enfermos
de tiempo. Huellas de edificios
con olor a ausencia, habitaciones sucesivas
desproporcionadas de edad
y de tamaño, en las que crecí oscura,
añorando ventanales rubios,
pasillos de música, de infancia tersa,
de amanecer diario entre anclas
luminosas.
En la nueva casa
mis pies se estrechan para cruzar
entre paredes de libros que se inclinan
y cuadros que traen viejas estancias
y humedad a mi cuarto.
Las cortinas borran
tibias de memoria
la mirada. Y lámparas de versos nocturnos
balancean como viudas virtuosas
su rubor. La casa empieza a vivir
y todo queda igual
y es como si caminase por un palacio
centenario.

(De *Nueva, vieja estancia*)

1971 a 1980

PUREZA CANELO

JULIA CASTILLO

JUANA CASTRO

ISABEL ABAD

BLANCA ANDREU

ANA ROSSETTI

Pureza Canelo

CELDA verde *fue mi primer libro de poemas que vio la luz en 1971. Todo en él es un canto a los elementos cotidianos circundantes: naturaleza,* descubrimientos sucesivos, fluidez de la mirada espiritual *que buscaba estrellarse instintivamente en las cuartillas.*

Lugar común *supuso la fulminante «caída del caballo» para mi definitiva dedicación a la poesía, el impacto de la honda aventura desvelada: instintivo y libérrimo lenguaje...*

El barco de agua *fue escrito con sosiego. De manera natural se iba perfilando en él el aviso de Juan Ramón:* «lo espontáneo sometido a lo consciente».

Habitable (Primera poética): *Estaba persiguiendo mi primera y valiente poética a una edad de la experiencia claramente imposible, a modo de indisciplina más que de soberbia y, con o sin acierto, andaba arrastrando mi fe por encima de toda diana.*

Tendido verso (Segunda poética). *Este libro se llama* Tendido verso, *o al revés, y es mi necesidad de poema*

263

derramado, sin rumbo fijo, ni alta ni baja la pendiente, usado a ¿menor? ¿mayor? experiencia de un oficio, alejada como siempre estuve de los modos y estiletes agudos que abundan en los valles (de la literatura) para acertar y no atrapar de mutua muerte la palabra poética.

Nos ajustamos, en este caso, a las definiciones de la autora sobre sus propios libros, porque nos dan una clara idea de su poética y de la autoexigencia a la que somete su labor creadora. Preocupación por la palabra; búsqueda, incansable, de una constante superación.

PUREZA CANELO nace en Moraleja (Cáceres). Estudió Magisterio. Ha obtenido diversos premios literarios: Adonais en 1970; Juan Ramón Jiménez de Poesía en 1980; y Sara Navarro de cuento. Ha desarrollado una labor importante como Jefe de Coordinación de Actividades Culturales de la Universidad Autónoma de Madrid. Es Fundadora del Aula de Cultura y Biblioteca Pública, que lleva su nombre, en Moraleja. Figura en varias Antologías y la Fundación March y el Ministerio de Cultura le concedieron Becas para la creación literaria.

BIBLIOGRAFIA

POESÍA

Celda verde (1971); *Lugar común* (1971); *El barco de agua* (1974); *Habitable* (Primera Poética) (1979); *Espacio de emoción* (1981) *Vega de la Paloma* (1984); *Tendido verso* (1986).

PROSA

La encina dulce (1982).

YA PUEDO MORIRME SI ME MEJO

Palabras, oficio que no lo es.
Hojas que caen al suelo
y no me da tiempo a detenerlas.
Figuraciones mías, y amor, otra vez,
al compás, verso grande,
para la vida. El mío me quiere.

Anillo puesto a mi dedo
en un año cualquiera; sin nombre,
sin novio, sin recorte de lágrima;
vence, me vence el rostro,
la inquietud de mi ceguera es así,
y el monedero en el bolso, mi verso.
Amor en mi casa lo hay,
lo suplo con hablar, con anotar las deudas oscuras
en una noche; sola, solísima, yo me acompaño.

Y miro hacia atrás, y miro.
Qué olvido tan grande tengo a todas horas
que no me hace morir ni de repente;
grande hasta mi cuello el tiempo
y mi cintura pequeña.

Pido una separación definitiva
con el mundo;
para más vida,

para tronchar la higuera
que ya no se contempla sólo; se mira,
se ríe, tiene dos frutos salientes, mujer, yo,
amor flojo o fuerte en la nuca del corazón.

He avanzado por la tierra,
ya puedo ver el mar, toda la ternura de dos;
ya tengo el verso,
ya puedo morirme.
Ahora mismo, como un compás
que algo me valdrá en su cero.

(De *Lugar común*)

POEMA DE PALABRERIA DEL DESENCANTO

¿Qué va a nacer, Poema?
La ternura, vieja ternura de la razón.
¿Qué va a nacer si Tú no me estás viendo
ni haces una clase de danza
andándome detrás, ni a saltos, y trágome?
Pero esta luz de marzo sí, esta meditación
sí abre la memoria con su lazo oriundo.

Tú no has querido ser ni mi amante ni el lugar
de la avaricia que puedo contraer todos los días
frente a este universo que va tomándose
a sus mejores hijos.
No has querido porque en este alto nido
tiemblas mucho y no revives lo que revivo yo
que soy piedrecita al sol y del todo conjugada.

266

Cierto: algún contemplador oculto
aquí se pusiera a ser mi cuerpo y el amigo
que ofrezco mediante oración
y palabrería.

Y pensar que tú eres
mis botas por el agua y lucidez y corcho,
Poema
que no sabes que la llanura termina
bien cerrada.

Tú que no has besado ni bien ni mal la boca
de la paloma menos muerta que soy
en tu conocimiento de los mundos
bien rotos en sus espejos.
Tú, bellísimo itinerario que no sabe
donde te borraría la mediocridad
de los abrazos generales.

Tú eres mi poema de Salud.
Con un sabor a origen que tengo en mi poder
de un fracaso prendido
de su onomástica.

(De Habitable. Primera poética)

En el tiempo
de que la más pequeña maniobra de creación
ofrece un espacio de sinceridad sin fin.
Desde la tiniebla, entretenida en la fe,
saltas, se suavizan las manos, rechazas
la cabeza de la noche ya gemida
y la anhelante luz de febrero dice:
amas, estás amando.

Sé que el testigo es imperfecto
aunque convenga a la voluntad creciente:
mujer equivocada en su hondo pensamiento;
no aprendió a bordar,
clavó los Ojos y sus huesos en alto,
no conoció antojos medievales:
la orfandad fue necesaria encerrada
de la materia que mueve.

Poema es orden, Amor es orden
y no puede medirse corazón con verso humano.
Cautivo va ese espíritu de trigo
diciendo lo contrario al hierro.
Sobre el surco me pregunto
¿Dos manos lloran los Ojos?
Se mendiga con más, se suplica
sin que el cuerpo muera, con más.
Es el límite de una vecindad amada.

Las flechas que apuntan a la aldea
de una vida sin distinción cuando los astros
lloran para quedarse siempre juntos al amigo afán
en ese aire de la humildad que no estorba.

Amas, estás amándola,
con tu verso y beso,
sostenidos.

(De *Espacio de emoción*)

Julia Castillo

JULIA CASTILLO nace en Madrid. Es Licenciada en Antropología. Su primer libro *Urgencias de un río interior* (1975) fue Premio Adonais.

Vivió en Estados Unidos durante cuatro años; tal vez esta circunstancia influyera en su interés y perfecto conocimiento de Emily Dickinson. Sobre esta poetisa nacida en 1830 en Amherst (Nueva Inglaterra) publicó un libro en el que las traducciones de los poemas junto a sus notas abren al lector la maravillosa personalidad de Emily y nos permiten un acercamiento a su entorno.

Desde nuestro punto de vista de lectores, Julia Castillo maneja su fuerza creadora a través de la palabra concisa, sin artificios retóricos. Desnudamente ofrecida, haciéndonos llegar su poesía de forma consciente pero siempre hilvanada a lo sensorial. Metáforas fundidas con su espíritu, donde la soledad es compañera y donde no existen elementos perturbadores para darse —darnos— el grado exacto de sinceridad de su aventura poética.

Toda su poesía es una autoafirmación de su responsabilidad con *su palabra,* con *su forma de hacer,* en un juego de valores implícitos en un lenguaje propio.

Colabora habitualmente en revistas y periódicos y el Ministerio de Cultura le concedió una Beca en 1981.

BIBLIOGRAFIA

POESÍA

Urgencias de un río interior (1974); *Poemas de la imaginación barroca* (1980); *Cancionero de Garci Sánchez de Badajoz* (1980); *El hombre fósil - Prefiguraciones* (1982); *Tarde* (1982); *Auiec* (1983); *Selva* (1983).

ENSAYO

Emily Dickinson (1984).

CIPRESES

Me gustan los cipreses porque callan.

Y porque juegan lentamente.

Me gusta su silencio y su cintura de niebla.

Me gusta su misterio
y cómo hacen las piedras transparentes con su
[sombra.

Me gustan los cipreses cuando lloran.

Yo quiero anclar mi alma en un ciprés
y pasar horas profundas en la boca del viento.

Brazos de ciprés me están rodeando
lentamente.

Yo tengo ansia por seguir mi camino.

(De *Urgencias de un río interior*)

Las telas, las sedas, los corales,
los vidrios, abalorios,
plumajes, bujerías —juntos—,
que la visión reúne y (al recuerdo
o consultada, o parecida)
divide y aprisiona en un instante,
que al ejemplo sucede en el descuido:
silenciado, el tiempo resucite
a la vista, a que obliga
el misterio, y detiene.
La libertad concluya; fantasía
no estorbe la visión,
donde la fábrica se pierde
y funda el argumento.
Convalezca el prodigio
de la opinión del aire, y su contorno...

Los minúsculos átomos o motas
que la luz hacen ver
sustenten la mirada.
No mienta o amenace
al asombro la vana inteligencia.

(De *Selva*)

Ay, amor, si huyera la belleza
te perdería a ti, amor.
Nunca te hubiera conocido,
ni tu ausencia siquiera.
Tendría que temer la nada.
¿Y para siempre no sentir melancolía?
Ay, amor, no puedo traicionar
a tus sentidos, ni renunciar tampoco
a aquello, tan dulce, tan amargo,
que grabó mi memoria...
Acepto este dolor,
la tiniebla que fui.

(De *Selva*)

A lo largo de todo el redondo frutero,
los membrillos —en jaula de oro y sombra—
o las cerezas, en orden encendido,
a las hojas deformes
se enfrentan. ¡Se oscurecen!,
aliviando los ojos,
y arruinando el perfume
en desmentir la sombra.

(De *Selva*)

Juana Castro

QUEREMOS, a través de Juana Castro, reivindi-
car a tantas poetisas que sufren, como ella, el
alejamiento del *centralismo poético,* culpable
de que sus libros no salgan casi nunca de sus límites
regionales.

JUANA CASTRO nació en Villanueva de Córdoba de
padres campesinos. Es profesora de E.G.B. y formó parte
del grupo «Zubia» desde 1976 hasta 1983. En 1978 aparece
su primer libro *Cóncava mujer* en el que ya demuestra,
además de su amor a la palabra, su interés y preocupación
por los temas femeninos. De su poema *María encadenada*
(a una niña mientras la taladran los oídos) entresacamos
los siguientes versos:

> *Te están atando al oro*
> *para que no recuerdes*
> *ni voluntad ni inteligencia.*

Su segunda entrega *Del dolor y las alas* (1982), nace de la experiencia dolorida de la pérdida de uno de sus hijos a la edad de siete años, por leucemia. Canto de muerte pero, dada su inquietud religiosa, a la vez canto de esperanza y de vida.

En 1983 fue Coordinadora del I Encuentro de Pintores y Poetas cordobeses, patrocinado por la Diputación Provincial; y en 1984, de las I Jornadas «Mujer y Cultura» que organizó el Ayuntamiento de Córdoba. En este mismo año se le concede el Premio de Periodismo *Imagen de la mujer en los medios de comunicación*, del Ministerio de Cultura, por sus artículos *Voz en violeta* aparecidos semanalmente en la «Voz de Córdoba». Su libro *Paranoia en otoño* obtuvo el Premio «Juan Alcaide» en 1983.

Figura en diversas antologías cordobesas y su poesía es un modelo de «bien hacer» y un claro reflejo de lo que es hoy la poesía escrita por mujeres en Andalucía.

OBRA POÉTICA

Cóncava mujer (1978); *Del dolor y las alas* (1982); *Paranoia en otoño* (1985); *Narcisia* (1986).

EPISTOLA EN FEBRERO

Hijo, te escribo
esta carta crecida de los días
porque la vida sigue
y aquí todo es igual, desde el domingo
en campo hasta la escuela
y la penumbra en ti de nuestra casa.
Febrero anuncia ya
la claridad primera de los lirios
y hasta el alto rincón donde germinas
rompimos hoy el aire de mimosas.
Como el humo, tu historia se diluye en los relojes
y a veces tus hermanas
te rescatan la voz, de espuma en los armarios,
y usan tus zapatos y tus cuentos
para dormir la sed y los minutos.
Como aves, laboran tus amigos
su incansable panal en las aceras
y tu padre se yergue del dolor
cada vez que tu nombre lo lastima.
Y así vamos creciendo,
con la sonrisa a flote y con las lágrimas
y tú eres el fuego más cercano,
la caléndula bella que nos salva.
Ahora escucho otros labios en mi vientre,
el hermano tal vez que nos llamabas,
porque había que dar algo más vivo

para quebrar el ritmo de la fiebre
y levantar los brazos a la fértil cadencia
que ilumina la yerba y los ocasos.
Bajo mi piel, su sangre ensaya ya
la música más leve
y siento que me laten sus migajas
de rauda mariposa, estremecida en carne.
No tenemos un nombre.
Hasta el tuyo trepamos para volver vacíos
porque nadie podría interpretarte
y sabemos que el mar no repite sus olas.
Pero hemos sembrado una paloma
en mitad de la luna desolada,
como un fruto caliente de los ojos
renaciendo a la luz, con el amor del río
que al aceptar su cauce lo descubre.

(De *Del dolor y las alas*)

«Ni contigo ni sin ti
tienen mis males remedio»

POPULAR

Por todas las veredas, tajos, cuerdas,
el amor amenaza como un cisco,
como un cristal sangrante sobre el sueño.
Y cómo desbrozar la flor, la espiga,
si en un mar de aguijones
abreva la bondad su cautiva dulzura.
Si me acerco a tu voz, están los dientes,
las agujas, los clavos, las espuelas,
todo el acorde río de esa imposible paz con que me astillas,

todo el dolor abierto de la orquídea voraz
que no puede adherirte a su labelo,
que me expira purpúrea mientras quiere
contenerte la brasa y las aristas,
incandescer el mar, el prado vivo
donde tu libertad respira tan hermosa.

Si me absuelvo de ti, es el cauterio,
una asfixia candente que amordaza las rosas,
que envenena los techos de aberturas siniestras,
la soledumbre sola de morir sin remedio,
de clausurar monólogos con islas
y no ser ya vivir sino esperarte,
espiar en tu magia vendavales,
incinerar vacíos con un mosto de ayer o de mañana,
consumir una pira de espinas espumosas
donde sean los sueños un dolor incesable.
Clemencia, Dios clemencia
de esta ortiga que crece y estrangula,
de este llanto tormento deshojado
con que rompe, desgarra, troncha, triza, hiere
esta larga condena de tu nombre,
todo mi triste tallo que abonará el silencio.

(De *Paranoia en Otoño*)

INANNA

Como la flor madura del magnolio
era alta y feliz. En el principio
sólo Ella existía.
Húmeda y dulce, blanca,
se amaba en la sombría
saliva de las algas,

en los senos vallados de las trufas.
en los pubis suaves de los mirlos.
Dormía en las avenas
sobre lechos de estambres
y sus labios de abeja
entreabrían las vulvas
doradas de los lotos.
Acariciaba toda
la luz de las adelfas
y en los saurios azules
se bebía la savia
gloriosa de la luna.
Se abarcaba en los muslos
fragantes de los cedros
y pulsaba sus poros con el polen
indemne de las larvas.
¡Gloria y loor a Ella,
a su útero vivo de pistilos,
a su orquídea feraz y a su cintura.
Reverbere su gozo
en uvas y en estrellas,
en palomas y espigas
porque es hermosa y grande,
oh la magnolia blanca. Sola!

(De *Narcisia*)

Isabel Abad

ISABEL ABAD fue ganadora en 1985 del II Premio Carmen Conde de Poesía de Mujeres con su libro *Dios y otros sueños*. Ya tenía en su haber una mención especial en el Premio Ambito Literario, el Premio Ciudad de Toledo y el Premio Juan Boscán 1981.

La trayectoria de esta poetisa nacida en Barcelona es, desde su inicio, el reconocimiento de la autenticidad de su palabra. Lo eterno y lo fugaz de su poesía, escrita desde la orilla amorosa de la vida, confluye en su pasión del verbo, en el que piel, médula y sexo se combinan con ternura y entrega, dentro de un marco de conjunción espiritual. En definitiva, compartir su poesía es siempre una aventura enriquecedora y estimulante, llena de emoción.

Isabel, Licenciada en Filosofía Clásica, tiene un perfecto conocimiento del lenguaje y de las formas poéticas. Toda su obra ofrece posibilidades estéticas con muy singulares perfiles en donde su impulso vital queda matizado por el misticismo.

Derramarme suicida en la cuartilla.

Creemos que, efectivamente, en cada cuartilla va dejándonos vida y que esa vida está llena de palabras en llamas, de versos como tatuajes, de metáforas ardidas y, como ella misma nos dice:

Cumpla mi voz su destino de fuego

BIBLIOGRAFIA

POESÍA

Motivos de isla (1980); *Tiene un paseo azul la llama que sostengo* (1982); *El alma en la memoria* (1983); *Dios y otros sueños* (1985).

A veces cuando miro
la limpia soledad de mi cintura,
me ciego en el rumor de aquella tarde
y siento todavía
tu oscuro traspasarme la nostalgia.

Estremece la sombra su pobreza
cuando acerco mi vientre a tu vacío,
crece el dolor, calla la dicha
del árbol que sembramos.

A veces me desnudo de Dios, pues me responde
congoja a la agonía
de no hallarte, silencio a la palabra
que escribe tu mirada en cada letra.

A veces siento un río de nieve en este fuego
y me nieva de ti la primavera
de tenerte otra vez,
de crecer una espiga donde el trigo
dorado de tus besos.

Ocurre cuando miro
la limpia soledad de mi cintura.

(De *Motivos de isla*)

«Vivo estoy. Dejadme así pasar el tiempo en embeleso.»

L. Cernuda

Voy a buscarte, cuerpo, amado, mármol,
que marzo se me enreda en las campanas
y me avisa la sed y me la aprieta,
jubilosa dulzura, a este sosiego.

He dejado el dolor jugando a octubre,
y yermaré mis lluvias con mi canto,
y abrazaré, y abrazaré, y me beso
el amarillo olvido de esta fiebre.

Regreso el corazón a mis cuidados
y vienes paz, abril que ya despiertas,
a herirme de tu calma, a atardecerme.
Todo duele de ti, y hasta el encaje
que dice en mi rodilla,
o en mi trozo más tibio,
o en la sombra que soy de otros abriles
el rojo femenino por que aliento
me enseña a recatarme la ternura
para enredarla, yedra, a tu alborozo.

Siento fiesta de espejo: en ti mi espalda
recobra su dibujo de alameda,
de aquietadora umbría para el labio.

Y me noto un bisel donde es de noche
en el claro país de mi figura.
Tiemblo en mi azogue
la guerra impacientada de mi carne,
las uvas turbulentas que me abrochan,
la encendida sazón de tu llamada.

He dejado mi sangre en la memoria
y bajo, acabadora, a cualquier surco
donde engendrar la duda de una boca,
donde subirme al pozo de mi incendio.

Me nublaré la silla de olvidarme,
ese dolor de enea aquí en el frasco
del vino del vivir.
Porque hay un ruido lívido, tu paso,
en la alta desazón con que me aturdes
la urgencia de una lágrima en mi talle.

Estrechamente sola te susurro
memoria de mi gozo,
medida del rosal que me acaricio,
mástil que zozobra en mi tormenta,
mía razón de mar,
abril que ya me naces

(De *El alma en la memoria*)

Hembra de lluvia mía, caracola,
néctar que el mar del tiempo, en remolino,
hurtándome hacia el pozo del destino,
clavó en mi tempestad como una ola.

Rojo que al derramarse en su corola,
pare tan tibia flor en el camino,
que fuente y sed confunde en desatino,
porque quiso ser nieve y fue amapola.

Despacio, muerte mía, que agua adentro
del río de mi cuello va un sollozo
que nació gota y morirá tormenta.

Y es que es la turbulencia de mi centro,
cada vez que te llamo, en cada trozo
de esta herida que sangra henchida y lenta.

(De *Dios y otros sueños*)

Blanca Andreu

*L*A concesión en 1980 del Premio Adonais al libro *De una niña de provincias que se vino a vivir en un Chagall* de BLANCA ANDREU fue una auténtica sorpresa y un gran descubrimiento de la poesía joven. El libro traía un hálito de frescura y, desde un plano casi mágico, nos estremecía con su forma de entender la libertad.

Blanca se entrega en cada palabra y, con algunas connotaciones surrealistas, equilibra *imaginación y experiencia*. Dialoga sobre la vida y encuentra que su significado no está lejos de la angustia:

*Sé bien que encima de mis heridas sólo habita
la imagen encalada de mi muerte.*

En sus versos hay interrogantes profundos, carisma y armonía, y una visión de las cosas desde una personalidad muy definida de gran pureza intelectual.

Nació en La Coruña. Cursó estudios de Filosofía Hispánica y Periodismo, sin finalizarlos. Reside en la actualidad en Madrid.

Aparte del Premio Adonais, obtuvo en 1981 el de cuentos «Gabriel Miró»; el «Fernando Rielo» de Poesía Mística, en 1982; y el Premio «Icaro» en 1983.

BIBLIOGRAFIA

Poesía

De una niña de provincias que se vino a vivir en un Chagall (1980); *Báculo de Babel* (1983).

En las cuadras del mar duermen términos blancos,
la espuma que crepita, la droga hecha de liquen que
    mueve a olvidar:
en los establos del mar reina la urraca, la intriga y la
    discordia,
nueva versión del agua y del bajo oleaje,
nueva versión del agua derramada desde todas las tierras
    y las tapias del mundo.

Entre los muros del mar callan los abeludes que poseen
    los símbolos del mirlo,
la última voz del bosque,
calla la yedra bárbara que envenenaba ciervos leves como
    navajas,
el roble boreal,
arrendajos dormidos como libros celestes, incendios y
    lechuzas de la grava marina.

En las caballerizas del mar, el mar se ahoga con su
    métrica ardiente,
la flora, las ojivas y las bocas del mar,
concilio de castaños en vilo verdeherido,
y alguien desde muy lejos abdicando, andando desde lejos
    a morir entre lejanas ramas empapadas:
alguien desde muy lejos esperando la flora, las ojivas y las
    bocas del mar.

Entre noviembre y cascos y corolas
el ángel de los remos camina ensangrentado con olor a
   madera,
con pupila de pájaro el otoño gravita,
acecha el ángel de los cables y las oscuras verjas, los
   reductos malignos,
y el ángel de la arcilla, matriz de zarza,
polen y estela de placenta que en otoño florece en muerte.

En las caballerizas del mar el mar se ahoga con su métrica
   ardiente.
Entre los muros del mar callan los abeludes que poseen
   los símbolos del mirlo avisador.
En las cuadras del mar, como en la muerte,
duermen términos blancos.

(De *De una niña de provincias que se vino*
a vivir en un Chagall)

Muerte, paloma, dócil, sillar del claustro de la página y la
   tormenta,
dócil, mira cómo fermenta mi nombre o mi cerebro con
   vocación de estrella espada
y de metal fortísimo luminoso y final,
mira cómo fermenta en las columnas que noviembre
   ha licuado,
en las palabras como fuentes,
en las palabras como rudas fuentes,
agua o pámpanos blancos, jaurías blancas y galgo crepitar.

(De *Báculo de Babel*)

Todavía es mayo sobre la arena que aún conversa con el animal y en las arcillas las inscripciones el cieno y sus consejos el vino en cuero rojo y en rostros nocturnos de conseguida crueldad que navegaron como fardos en barcon boreales ociosos pájaros mercantes en mudos malecones rompiéndose mi última cabeza cortada por el ángel distinto

sombra y rito de amor, di tú ángel visible cuya existencia se fragua en la insumisión a la palabra y a su asilo

di tú ángel adelgazado por el silencio, esbeltísimo en lo callado con el costado intacto antiguo en guerras

di tú la palabra que leo en el minuto que dura mi corazón.

(De Báculo de Babel)

Lo que tuve y lo que no tuve y acaso aquello que mi mano
    solitariamente asilaba,
todo lo que ahora escucho maldecir y llamear.
Del mismo modo que escucho tu nombre golpeando en
    fragua mítica,
sonando en metal de saga,
en herrería blanca que aún me quema.

(De Báculo de Babel)

Poeta de las cosas que mueren, de las estaciones del sueño,
heresiarca de la sombra, mira cómo la música
lava su corazón en vino negro
y sus velocidades en el agua.
Entra en los negros principados y dime
desde dónde hasta dónde camino,
así, en la oscuridad.

(*Inédito en libro*)

Ana Rossetti

UN solo libro bastó a **ANA ROSSETTI** para situarse de forma indiscutible en nuestro paronama literario: *Los devaneos de Erato*, que fue Premio Gules (Valencia, 1980). Está claro que cuando un premio funciona seriamente y con rigor sus libros siempre siguen una trayectoria limpia y de éxito.

Ana se nos mostraba como una gran sacerdotisa del amor y nos transportaba, con un lenguaje nuevo y espléndido, a los más callados sentimientos, al campo aún no explorado de nuestras propias inhibiciones. Febril, sincera, desenfadada, inmersa en su propia sensualidad, transgredía forma y fondo para darse al lector *vivida*.

Línea a línea, verso a verso, en cada palabra nos redime de lo cotidiano, nos marca el excitante camino del deseo, adornado barrocamente de búcaros blancos, de jazmines dorados, de buganvillas, de encajes, adamascados y moarés. Cándidamente perversa, nos acosa y derriba.

La creación literaria de Ana Rossetti es más bien reducida. Aparte del citado, en 1985 aparece su libro *Indicios vehementes (poesía 1979-1984)*, en el que están incluidos *Los devaneos de Erato, Dióscuros* (publicado en el 82 en Málaga con una tirada muy corta y con muy pocos poemas), e *Indicios vehementes*, que daba título al libro. En total 110 páginas. No es mucho, pero en el caso de Ana, la calidad supera todos los límites.

Ultimamente ha obtenido el Premio de Poesía Rey Juan Carlos I, de Marbella con su libro *Devocionario*.

Nacida en Cádiz, vive en Madrid desde 1968.

BIBLIOGRAFIA

POESÍA

Los devaneos de Erato (1980); *Indicios vehementes* (1985); *Devocionario* (1987).

ANATOMIA DEL BESO

La seda lujuriosa,
del vivo tegumento receptáculo.
Prolífera placenta.
Del embrión del beso, brillante funda rosa.

Oh labios abultados,
pulpa irresistible, pretexto del mordisco.
La boca se asemeja a una fruta que ofrece
sus dulces y apretados gajos rojos.

Estos dientes blanquísimos,
pórticos del velado santuario
donde la fría y mulsa exudación de la saliva
deseos clandestinos baña y une.

Tu suave paladar,
bóveda tan admirable, techado de los besos
con saña meditados en el escalofrío
constante de la fiebre más mortal.

Almohadillada lengua,
lamedora serpiente, escurridiza lanza.
De la entreabierta boca, ese dúctil pistilo
que en su candente magma fluye y fluye.

(De *Los devaneos de Erato*)

CIBELES ANTE LA OFRENDA ANUAL
DE TULIPANES

«¡Que mi corazón estalle / Que el
amor, a su antojo / acabe con mi
cuerpo.»

AMARU

Desprendida su funda, el capullo,
tulipán sonrosado, apretado turbante,
enfureció mi sangre con brusca primavera.
Inoculado el sensual delirio,
lubrica mi saliva tu pedúnculo;
el tersísimo tallo que mi mano entroniza.
Alta flor tuya erguida en los oscuros parques;
oh, lacérame tú, vulnerada derríbame
con la boca repleta de tu húmeda seda.
Como anillo se cierran en tu redor mis pechos,
los junto, te me incrustas, mis labios se entreabren
y una gota aparece en tu cúspide malva.

(De *Los devaneos de Erato*)

DEMONIO LENGUA DE PLATA...

Truman Capote

Arcángel desterrado y refugiado en mi anhelo;
cada vez que la albahaca se movía
tus manos mi vientre apuñalaban
y en el raudo abanico de luces y luciérnagas
o en la pared confusa donde el enfebrecido
pájaro de la noche se cernía
aparecías tú.

Continua caracola prendida de mi oído:
hasta cuando la hierba, de grillos relucientes
salpicada, de pronto enloquecía
podíase escuchar tu lengua colibrí.
    Y había que decidirse
entre el blanco inocente del naranjo
y tu oscura coraza.
    Duro, frío y deslumbrante estuche
para tan dulce torso, terciopelo.

(De *Devocionario*)

PURIFICAME

«Dichosos los que salieron de sí mismos.»
Colette

Cierto es que alguna vez intento rebelarme,
desprenderme, desnudarme de ti.
Y te sueño vestido resbalando,
desmayando hasta el suelo sus innúmeros frunces,
y te niego. Tus fotos abandonan
caladas cantoneras, el cristal de los marcos,
y tu nombre se rompe, y me olvido
que era de Mayo, y Pléyade, y de flor parecida
al crisantemo.
Y creo que ya no existe la Quinta de Tchaikowsky,
pero recurro a ti.
Al final, siempre recurro a ti,
a tu silencio huraño ante la maravilla,
a tus bucles pacientes bajo el sol, irisándose,
mientras querías ser santa apretando amapolas,
a tu desolación que era un ópalo turbio
y a esa terquedad de no mostrarlo nunca.
Voluntad educada para ser guardadora,
para que de tu rostro no saliera
ni un atisbo de ti, ni el corazón vaciar
por calladas cuartillas, por la morada lana
de los confesionarios. Ni en lágrimas verterlo.
Cómo te vigilabas para no proclamar
miedos o desventuras; la culpa y el desastre
desdeñados, y el asombro escondido.

Mi siempre lastimada y jamás dulce niña,
atesorando ibas antifaces, metáforas,
ingenuos simulacros de blindaje o conjuro
y no me adivinabas heredera y alumna.
Mas yo no sé vivir sin imitarte.
En mí no hay emoción sin que en ti la apacigüe
ni recuerdo que al final no te mencione
ni experiencia que no compare en ti,
reina de la cautela y del enigma.
Pero, tanto el sigilio, que ya no me sé el nombre
de las cosas, ni de este sentimiento
que está sobrepasándome, dulce e impetuoso,
doloroso quizás, quizás desesperado.
En no atenderlo está mi vanagloria,
está mi precaución y mi obediencia.
Mi niña, mi tirana, contemplándote
sé que todo es inútil, que me parezco a ti,
y que en ti permanezco voluntaria y cautiva.
Es mi memoria cárcel, tú mi estigma, mi orgullo,
yo albacea, boca divulgadora
que a tu dictado vive,
infancia, patria mía, niña mía, recuerdo.

(De *Devocionario*)

Década de los 80

MARIA SANZ

AMPARO AMOROS

MARIA DEL MAR ALFEREZ

ALMUDENA GUZMAN

María Sanz

MARIA SANZ es sevillana. Desde su primer libro, *Tierra difícil*, publicado en 1981, su voz se alza y se crece. Su poesía tiene dos vértices definitorios: su humanismo y el culto a la forma, ambos incorporando elementos tanto contemplativos como de recogimiento interior, pero siempre dentro de un camino sin retorno en el que la poetisa marca la única razón de su existencia y en el que, como ella misma nos dice, *un día fue el milagro.*

> *Un día*
> *llegó tu inmensidad hasta mi pluma*
> *y yo la describí*
> *como si fuera el último*
> *horizonte cual viento*
> *predestinado al mío.*
> *Un día*
> *el verso se hizo sangre*
> *y fluyó entre nosotros.*

En 1986 María Sanz obtuvo el Premio «Carmen Conde» que convoca nuestra Editorial, pero ya tenía en su haber otros muy significativos: el «Manuel Ríos Ruiz» (Jerez de la Frontera); «Barro» (Sevilla); «Ricardo Molina» (Córdoba); y «Ateneo de Sevilla» (Sevilla). Sin temor a equivocarnos apuntamos el nombre de esta joven poetisa sevillana como algo *afirmativo* y *seguro* en nuestro panorama cultural en el que tan difícilmente las mujeres logran hacerse su propio sitio. Consciente de su destino, es una trabajadora de la palabra que se autoexige una continua superación.

BIBLIOGRAFIA

Poesía

Tierra difícil (1981); *Variaciones en vísperas de olvido* (1984); *Cenáculo vinciano y otros escorzos* (1985); *Aquí quema la niebla* (1986).

Una etapa en mi vida se ha cerrado,
cansada al fin; más áspera y desnuda
la ceñiré al paisaje, cuando quiera
volver a definirla nuevamente.

He descubierto imágenes perdidas
por mi obsesión extraña de ser una,
una en el dramatismo y en la farsa,
pero, esperando, dos a cada lado.

Brilla este sol rompiendo los vacíos,
y un gélido final después del miedo,
y tú, que entre las manos traes mi estigma,
y yo, casi ignorante, casi firme.

Una prisión libera estos momentos
al recordar lo amargo y olvidarme
de tantas apariencias bajo el mundo
que me hizo así, más áspera y desnuda.

(De *Variaciones en vísperas de olvido*)

SILENCIO EN LA LAGUNA

—Lido—

Mirábame aquel mar grisáceo. Brisas
de ignotos litorales refugiaban
sus cálidos murmullos por el Lido.
Mirábame una tenue primavera
desde cada rincón, cuando la tarde
olvidaba aquel mayo en los jardines
medio ocultos. Venecia se ponía
a lo lejos. Y el mar volvió sus olas
hacia lo más profundo del ocaso.
Mirábase el silencio en la laguna.

(De *Cenáculo vinciano y otros escorzos*)

AQUI QUEMA LA NIEBLA

Aquí quema la niebla. Se han teñido de alba
los torcidos senderos, las ruinosas paredes
de mi sueño. No tengo dónde abrir esa hora
para que entren, lluviosas, las heridas del llanto.

Por la carne sombría
descubren sus afanes
las estelas yacentes
del corazón, ya vástago
de un agua apenas himno.
Y entonan su silencio
mis estatuas, transidas
de un fuego que atraviesa
los ojos errabundos,
posados en sus lumbres.

Aquí quema el olvido. Se han cansado mis ténues
ansiedades. La llama de ese sueño dormita.

Por la muerte comienzan
a enarbolarse huellas
de antagónicos tiempos,
en donde la mañana
descuidaba sus luces
hasta un gris mediodía
de ansiedades. Y luego,

más vasta que mi angustia,
se adhería una noche
a los poros del mundo,
para cerrar el paso
de fluviales heridas.

Aquí se han deslucido tristísimas imágenes
de lo que tanto erige la memoria. Mas sigo
convirtiendo a mi verso la palabra, el otoño,
y aquellas madrugadas ondeando en su viento.

¿Hay algo más antiguo
que el arrastrar las hojas
secas del alma? Siempre
perdurarán sus ecos.

Y si quema la niebla, ¿por qué helarla con ampos
de siluetas, de cuerpos que en sí mismos habitan?
Al final, un reflejo de cualquier esperanza
vendrá a sentirse solo, mientras la vida empieza.

(De *Aquí quema la niebla*)

Amparo Amorós

AMPARO AMOROS, nacida en Valencia, es poetisa, ensayista y crítica literaria. Colabora habitualmente en diversas revistas y periódicos. Su libro de poemas *Ludia* (1983) obtuvo el Accésit del Premio Adonais en 1982. A un segundo poemario *Al rumor de la luz* (1985) han seguido: *La honda travesía del águila* (1986), *El cálculo de la derrota* (1986), y dos textos en los que trabaja actualmente: *La cicatriz del agua*, que mereció una Ayuda a la Creación concedida en 1986 por el Ministerio de Cultura, y cuyo fragmento inicial fue publicado en *Revista de Occidente;* y su nuevo ensayo *La palabra del silencio* (La función del silencio en la poesía española posterior a 1969), que constituye su tesis doctoral —es Licenciada en Filología Hispánica— y que obtuvo en 1983 una anterior Ayuda a la Creación Literaria del Ministerio de Cultura. Ha dictado conferencias y lecturas poéticas en España, Francia, Hispanoamérica y Estados Unidos, donde fue Becaria del Comité Conjunto de Cooperación Cultural Hispano-Norteamericano en Nueva York, Washington, Boston y Kansas. Ejerce la docencia de la literatura.

En la poesía de Amparo Amorós hay cierto equilibrio metafísico pero con esa mediterraneidad que contribuye a que las imágenes se llenen de luz y de música. Su lenguaje simbólico auna lo puramente existencial con lo imaginativo para alcanzar así la esencia de las cosas a través de su madurez expresiva y de su gran sentido del rigor. Ella nos acerca a su propia definición poética en la introducción a su libro *La honda travesía del águila:*

Reino del puro azar: ¿quién podría negar su espacio al pensamiento, su territorio fértil a la imaginación, su región de prodigio al sueño o la visión que estallan de cristales luminosos la sombra, poblando de boscajes incendiados la noche espesa en que habitamos?

Palabras, en definitiva, pobladas de luz.

BIBLIOGRAFIA

POESÍA

Ludia (1983); *Al rumor de la luz* (1985); *La honda travesía del águila* (1986); *El cálculo de la derrota* (en prensa); *La cicatriz del agua* (en prensa); *Quevediana* (en prensa).

JUANA, LAS VOCES Y EL FUEGO

Oigo las voces que yo pienso,
las voces que me piensan al pensarlas.

Octavio Paz

Hay tardes que entra el viento por los ojos
mientras devana el huso las guedejas del lino
y el tiempo va manando entre los dedos,
entra de par en par hasta las sienes
encallando palabras sargazos en las cejas,
palabras que resbalan cielo adentro
del paladar
y salpican las noches de voces consteladas.

Me siento junto al fuego y las oigo venir
corredor hacia mí de la memoria.
Poco a poco me arrastran de los otros
que hablan en derredor cada vez más remotos
y quisiera callarlos con el dedo en los labios
para oírlas mejor
porque susurran quedo
como cuando alguien duerme.

Me toman de la mano
y dicen no sé qué de algún largo viaje
mientras bajo con ellas al fondo de mí misma
y aprendo una canción que se llama destino
pero aún no comprendo
porque el vaho del miedo ha empañado la letra.

311

Otros días me angustian a aletazos
y su cuervo torrente despeña al corazón
en un vertiginoso molino de tormenta.
¿Es así la locura?
¿Este sentirse extraña,
quererlas arrancar
arañando a puñados
pero cómo
si dentro,
este saber que entonces
me marcharé con ellas...?

Si al fin me abandonasen me deshabitaría
casa que nadie puebla, hospedaje de ausencia,
caparazón inútil albergando vacío.
Porque yo soy el nombre que interroga su enigma
y ellas el eco de mi ser: acorde
de acentos disonantes que conciertan
el instante de amor que es la belleza.
Saberlas es saberme
y revelarlas
imagen de la muerte que salvará el olvido.

Ya todo se ha cumplido.
Perdura sólo el rastro.
Hay ahora un sosiego
que se llama silencio.

Y le fue mostrado
cuán serio y peligroso
es examinar curiosamente
las cosas que están más allá
de la comprensión humana,
y creen en cosas nuevas...
e incluso inventar cosas nuevas
y desusadas,

pues los demonios saben
cómo introducirse
en semejantes curiosidades (*).

Escapando
a las cimas del aire
una alondra busca su libertad
mientras el cielo
es una espesa flama
de humo y de cenizas.

El banquete tocaba ya a su fin.

Pero ellas
con avidez de grullas enceladas
apuraban las copas de la vida
hasta el último resto
aunque ya sin placer
mientras los tonsurados, el obispo
y los nobles, hambrientos
todavía
de justicia,

insaciables
de verdad absoluta,
rebañaban los platos
con las postreras
migajas del mantel.

¿Quién ya
sino en tu nombre
los recuerda?

(*) Admonición dirigida a Juana de Arco. *Procès de condam-nation*, vol. I, pág. 390.

En cambio tú
por ser llamada a la hoguera de lo que no dura
eres Juana del fuego,
Juana la de las voces
y fiel a su respuesta
permaneces
ardiendo la memoria
para siempre.

(De *La honda travesía del águila*)

(marina)

Apresar sólo imágenes: el juego.

Parpadea el metal
y en su celada
se escarcha un pájaro
de agua: una honda de sal
contra el espejo
astillando un color
robado en préstamo.

El lazo es pulso
fiel a su cimbreo
ausente siempre cuando más activo.

(De *Ludia*)

María del Mar Alférez

ARIA DEL MAR ALFEREZ nació en Madrid en 1959. Es Licenciada en Filología Hispánica. Su primer libro *Alas de hilo* fue galardonado con el Premio Nacional de Poesía para autores Noveles, publicado en 1982 en la Editora Nacional.

Dentro de la gran producción de la joven poesía, es difícil encontrarnos con un primer libro tan *maduro* y en donde se juegue tanto con un dominio de las formas clásicas como con el lujo dilapidador de la libertad del lenguaje. Entresacamos del Prólogo de Carlos Murciano a este libro lo siguiente:

Pero las alas con las que María del Mar Alférez se desplaza son, al margen de materia, color y extensión, firmes. El soneto con el que arranca su poemario da razón de un pulso adiestrado en nuestra mejor poesía de ayer, en tanto que el poema que le sigue rompe las rigideces versales y acompasa su discurrir al de la más consistente poesía de hoy. «Una agujita antigua con que bordar des-

315

pacio» sobre el bastidor de su presente; ¡eso es lo que ella
tiene y maneja bien y cuida; lo que en un poeta que em-
pieza es digno de loa, sobre todo cuando a cada paso tro-
pezamos con ejemplos de lo contrario, con tantos jóvenes
como se afanan en construir su casa poética por el tejado,
sin cimiento y sin simiente...

Su segundo libro, *Criptoepístola de azares,* fue Accésit
del Premio Adonais; y por último su libro *El don y lo
posible* quedó finalista en el II Premio «Carmen Conde»,
que convoca Ediciones Torremozas.

En narrativa tiene en su haber dos Huchas de Plata
por sus cuentos: *Un solo de saxo para un recuerdo* (1981)
e *Invierno para dos* (1982). Ha colaborado con diversos
prólogos en la serie «Aula» de la Editorial Planeta.

BIBLIOGRAFIA

POESÍA

Alas de hilo (1984); *Criptoepístola de azares* (1985); *El don y
lo posible* (1987).

Te digo y me respondo yo tan sólo.
Al fin sólo mi voz dice y responde,
color de vidrio el alma que te oye,
tersos tus ojos, boca, piel que adoro;

cinta de ola hasta besar tu rostro,
hasta volver de mí y hallar tu roce,
hasta hacer de la playa tan enorme
la voz de arena que te traiga pronto.

Cuando este eco es sombra solitaria
imposible de ti, y vena profana
el aire de tu voz donde me vivo,

te digo y me responde tu distancia,
y el labio requerido de la playa
viene a alcanzar la altura del olvido.

(De *Alas de hilo*)

Pájaro ahora.
nube de ocioso olor y descansada herida,
pupila de ave
y pétalo de cielo.
Me alzo, descalza el alma, hasta el perfil del hambre,
sobre tu piel comienzo a recorrer
el lábil mundo de los plumones negros:
que vibren mientras tanto las campanas del aire
y que se azore inquieto el aliento sutil
hasta el sosiego.
Sobre tu ciego espejo, siento que gimen brazos
de antiquísima fuerza, adorándose, inmensos.
De piel, pájaro ahora,
y Siena en el costado
con dientes abrochando luciérnagas de día.

Una vena se quiebra,
y abierta como un río,
como una amante almada,
me entrega en un instante la infinitud del labio.
Hace frío en el cuello del invierno
y me abrasan las alas del pájaro nonato.
Ya dijeron las manos su sentencia de siglos,
se relataron solas descosiendo el silencio;
ya sólo se me obliga a bucear despacio
por la voz descansada de la sibila yerta.
Lo he sabido al pisar sus ojos llenos
bajo el telar del infinito amparo,
y al entornar su boca
cediéndose a mi huella.

(De *Criptoepístola de azares*)

DON DEL ANHELO

Tanto amar,
tanto arañar la piel de los segundos,
tanto depositar los siglos de ternura
en un cántaro fresco,
en una figurilla de tiempo deseado.
Para qué tanto amar, tanto habitar la vida,
si un día yo me iré sin el sol en mis ojos,
si un día seré huella en los labios del mar
como una presa fiera,
como brasa azulada de la luna,
como orilla de alúmina memoria.
Tanto rogar del alba las noches de la pena.
Dónde ahondan los días su afilada semilla,
dónde suspiran negros sus sollozos de lumbre,
dónde riega la escarcha
que va hiriendo las venas del más simple misterio,
dónde,
dónde respira el vértigo su frágil brevedad.

En tanto, lirios mueren
como lenguas azules de océanos concretos;
con cuanta astucia ponen
el embrión de su vida en el alma materna.
En tanto, crecen noches con su piel estrenada,
y agonizan despacio
cuando abrocha la aurora

su cintura de pozo,
y derraman su muerte dulcemente
porque serán de nuevo.

Pero mi soledad
pero mi espejo hueco —cuenco de mi memoria—
y mi último sueño
con su antesala húmeda tan cálida;
pero mi piel, mi sombra
la sed de mi cintura,
el fiel rostro del ansia
donde mi amor reposa largamente;
pero el rumor de horas
y su tambor oculto de corazón despierto,
será savia salada en piélago dormido
cuando me marche,
cuando duerma el anhelo
y no camine el alma;
será hambre de ola,
será abisal y esteril toda la voz del mundo
que abrasé entre mis labios,
y seguirán las horas destilando el amor
de infinitas costumbres.
Dormirá luego el lecho —donde lloré y amé—
que deslizó mi noche,
y no estará la sombra que yacía en mis pasos
sosteniendo la vida de mi huella invisible.

Pero cuando me vaya,
sé que en el mal del mundo
existirá la sombra de un pámpano amoroso
donde unos labios besen desesperadamente el infinito.

(De *El don y lo posible*)

Almudena Guzmán

EN 1981 apareció el primer libro de ALMUDENA GUZMAN: *Poemas de Lida Sal;* su autora contaba solamente dieciséis años. Recorrer estos poemas impregnados de su frescura y espontaneidad, es habitar el asombro. Almudena ya se entrega a la poesía y encuentra una identidad perfecta. Su energía poética le hará buscar, a pesar de su juventud, el único y verdadero camino en el que será ella auténtica y verdadera y que le ordenará con un sentido casi de urgencia seguir creando para seguir siendo.

¡Oh Juan! ¿por qué sueñas siempre con rosas?
He estado tanto tiempo sin roble a que aferrarme
Hoy regreso a ti; a ti, melodía de barrenderos y bares
Dichoso tú que eres tan trigueño y dorado como quieres

Con estos versos comienza uno de los poemas de *Lida Sal.* Almudena resume y condena los sueños con la condición humana, pero poniendo alas a las palabras;

321

no le basta contarnos su aventura sino que hace sentirse al lector cómplice de su lid. Nos sorprende, especialmente, cómo resuelve la mayoría de los poemas con unos finales inesperados cuyo sabor atrae, seduce, rinde, enamora. Tengamos en cuenta que hablamos de una poetisa casi adolescente cuando publica este libro.

Almudena Guzmán nace en Navacerrada (Madrid) en 1964. Es estudiante de 5.º de Filología Hispánica. Su primer libro *Poemas de Lida Sal* fue Accésit del Premio Puerta del Sol (1981). Su segundo libro obtuvo el Premio Altair, quedando su libro *Usted* finalista del Premio Hiperión.

Como vemos, la trayectoria de Almudena Guzmán nos revela que estamos ante una vocación clara pero que además está «tocada» por la magia de los elegidos. No es una esperanza, ni una poetisa que subraya con acierto sus libros, ni una mujer-niña que ha destacado en el campo de la creación, ni sólo una vocación genésica: Nace con ella la poesía. Es una hilandera prodigiosa que, además del arte, tiene la maña artesana de saber tejer.

BIBLIOGRAFIA

Poemas de Lida Sal (1981); *La playa del olvido* (1984); *Usted* (1986).

ULTIMATUM

¡Oh Juan!, ¿por qué sueñas siempre rosas?
Ya no nos caben en la habitación,
esto no puede seguir así:
Cada día te levantas con las sábanas llenas de rosas
y si por casualidad hacemos el amor
no se conforman con quedarse quietas de mañana, no:
danzan las gamberras al son de los exquisitos minués que
    trazan tus dedos al vestirme.

Por eso, me niego a que me pongas la camisa,
a que me anudes el pañuelo...,
dime, ¿qué vas a hacer con esa encina desdentada y la
    camelia negra
que se vinieron contigo cuando terminaste de dar un paseo
    por el campo?

Ayer nos sorprendió un aguacero precioso
y como yo no llevaba gorro y sí el pelo recién lavado,
convertiste las gotas en diminutos paraguas de nácar,
yo te agradezco la gentileza de tu magia
pero el campo necesitaba agua
y lo dejaste blanco, tan blanco,
que parecía leche cuajada.
Menos mal que luego caíste en la cuenta del error
y los paraguas volaron para dejar paso
a tres mil nubes que se posaron dulcemente

en los prados, en los cerros, en los sembrados
para dar alegría y pan al santo campesino
que se hizo arrugas de un metro de profundidad por reír
    tanto.
En fin, Juan, haces lo que quieres con la naturaleza
y a mí me irrita el no poder enfadarme nunca contigo
a pesar de tener motivos grandes y justificados.

Desde ahora te anuncio mi ultimátum:
una de dos, o renuncias a tu poder modificante
de niños que cambian pañales por barcos,
de aceituna que, porque le da la gana, se transforma en
    ciruela los domingos,
o nos mudamos a otra buhardilla
que tenga el suficiente espacio para meter allí todos tus
    trastos...
¡Porque mira que eres pesado!
Porque mira que te quiero tanto, alquimista barato.

(De Poemas de Lida Sal)

...Y EL AMIGO COMUN DE DOS
QUE SE HAN SEPARADO

Ernesto, moreno de luz y luna argentina,
cigarrillo entre los dedos,
sonrisa de niño en los naranjales del alba.

Ernesto, amigo fiel de espejos y cafés,
padre confidencial con aire triste de gorrión,
páramo de salina y dulce de leche.

Ernesto, aire de tocayo guerrillero,
espuma que se desborda por la vida,
costado tembloroso ajeno a ti mismo.

Ernesto, paloma que se ha roto una pata,
plata sin cascabel,
runruneo de pato deslizándose en el canalón...
te quiero más que a él pero —perdona, compañero tan
    próximo—: no te amo.

(De *Poemas de Lida Sal*)

Mis manos, tan difuminadas como las sutiles bailarinas
   de Degás,
quisieran ahora mismo revolotear en tu cuerpo para
   siempre.
Y entonces sí que la juventud sería verdaderamente una
   edad de ilusión,
y a mi vejez —aunque ya con la risa rota y ajada— no le
   importaría agonizar
en ese lunar tan lindo que se había inventado en tu cadera
   años atrás
porque nunca se daría cuenta de su inexistencia.

Porque la muerte a tu lado no pasaría de ser un fastidioso
   contratiempo del día.

(De *La playa del olvido*)

Esto va a venirse abajo
de un momento a otro
y usted lo sabe:
El amor ya no es un templo griego
sino algo parecido a un desastre de líneas
oblicuas que aprisionan todo intento de lluvia.

Y es gris. Tan gris como esta perspectiva de furias que se
     nos viene encima.

                                        (De *Usted*)

Usted se ha ido. Pero tampoco conviene dramatizar
     las cosas.

Cuando salgo a la calle,
aún me quedan muchas tapas risueñas en el tacón,
y mis medias de malla consiguen reducir la cintura
     de la tristeza
si su ausencia va silenciándome en una resaca de escarcha.

O sea, que no estoy tan mal.
Porque yo podré ser de vez en cuando un eclipse. Pero
nunca un eclipse sin sangre de luz.

                                        (De *Usted*)

Indice

Este libro se terminó de imprimir el día
19 de mayo de 1987, festividad de
Santa Claudia, en la imprenta
Taravilla, Mesón de Paños, 6
28013 Madrid